Relationale Datenbanken
Theorie und Praxis

Herrmann Sauer

Relationale Datenbanken

Theorie und Praxis

ADDISON-WESLEY PUBLISHING COMPANY

Bonn · München · Reading, Massachusetts · Menlo Park, California · New York
Don Mills, Ontario · Wokingham, England · Amsterdam · Sydney · Singapore
Tokyo · Madrid · San Juan

(c) 1991 Addison-Wesley (Deutschland) GmbH

Satz: Valentin, München
Druck und Bindearbeiten: Bercker Graph. Betrieb, Kevelaer
Umschlaggestaltung: ConSign, Troisdorf

Text, Abbildungen und Programme wurden mit größter Sorgfalt erarbeitet. Verlag, Übersetzer und Autoren können jedoch für eventuell verbliebene fehlerhafte Angaben und deren Folgen weder eine juristische Verantwortung noch irgendeine Haftung übernehmen.
Die vorliegende Publikation ist urheberrechtlich geschützt. Alle Rechte vorbehalten. Kein Teil dieses Buches darf ohne schriftliche Genehmigung des Verlages in irgendeiner Form durch Fotokopie, Mikrofilm oder andere Verfahren reproduziert oder in eine für Maschinen, insbesondere Datenverarbeitungsanlagen, verwendbare Sprache übertragen werden. Auch die Rechte der Wiedergabe durch Vortrag, Funk und Fernsehen sind vorbehalten.
Die in diesem Buch erwähnten Software- und Hardwarebezeichnungen sind in den meisten Fällen auch eingetragene Warenzeichen und unterliegen als solche den gesetzlichen Bestimmungen.
Dieses Buch ist keine Originaldokumentation zur Software. Sollte Ihnen dieses Buch als Original-Dokumentation mit Programmdisketten der Software verkauft worden sein, handelt es sich möglicherweise um eine illegale Kopie der Software. Benachrichtigen Sie in diesem Fall umgehend den Verlag - auch die Benutzung einer Raubkopie kann strafbar sein.

ISBN 3-89319-167-4

Vorwort

Dieses Buch behandelt sowohl die theoretischen Hintergründe als auch den praktischen Einsatz einer bestimmten Art von Datenbank-Management-Systemen: die relationalen Datenbank-Management-Systeme. Das Buch ist das Resultat einer über 10-jährigen praktischen Erfahrung mit den am Markt verbreitetsten Datenbanksystemen. Es soll die informelle Lücke zwischen den vielen auf dem Markt befindlichen Datenbankbüchern schließen, die entweder lediglich

- ein einzelnes Datenbanksystem wie DB2, INGRES, ORACLE, INFORMIX usw.,
- die Datenbanksprache SQL,
- oder die Theorie der Datenanalyse und des Datenbankdesigns

beschreiben.

Das Buch wurde für einen Personenkreis, den man vielleicht mit den Begriffen

- Applikations- und Systemprogrammierer
- Datenbankadministrator
- DV-Manager
- Studenten
- oder interessierte Anwender

eingrenzen kann, geschrieben. Es soll sowohl den Einstieg in diese Technologie erleichtern, als auch dem erfahrenen Praktiker noch einiges

Wissen vermitteln, ohne einen Anspruch auf eine vollständige Behandlung auch nur eines der angesprochenen Themen zu erheben.

Ich hoffe, das Buch hilft, den Kenntnisstand des Lesers zu verbessern oder zu aktualisieren und einige Vorurteile, wie z.B. Performanceprobleme, zu komplizierte Theorie usw. zu widerlegen.

Insbesondere die praktische Arbeit mit relationalen Datenbanksystemen haben sowohl die Auswahl der einzelnen Kapitel und deren Inhalte als auch den Stil dieses Buches maßgeblich beeinflußt.

Ein solches Buch kann kaum von einem Einzelnen alleine geschrieben werden. So haben auch mich viele Freunde und Bekannte mit Rat und Tat unterstützt. Ich möchte es auf keinen Fall versäumen, mich an dieser Stelle namentlich bei allen zu bedanken. Mein besonderer Dank gilt jedoch Monika Klein, Winfried Tampfel und vor allem Prof. Dr. Norbert Krier, die das Skript Korrektur gelesen haben, sowie Dr. Josef Traut und Roland Tritsch, die mich bezüglich Kapitel 7 bzw. Kapitel 8 fachlich unterstützt haben.

Insbesondere möchte ich mich jedoch an dieser Stelle bei meiner Lebensgefährtin für ihre Geduld, die sie mir gegenüber all diese Zeit aufgebracht hat, bedanken.

Oestrich-Winkel   Hermann Sauer

Inhaltsverzeichnis

Einleitung	1
Zum Inhalt dieses Buches	2
1 Einführung in Datenbank-Management-Systeme	**5**
1.1 Von der Realwelt zum Modell	7
1.2 Vom Modell zur Datenbank	9
1.3 Das Dreischichtenmodell nach ANSI/SPARC	12
1.4 Datenbank vs. Dateisystem	13
2 Relationale Grundlagen	**17**
2.1 Das Relationale Modell	19
2.2 Relationale Objekte	20
2.2.1 Domäne	21
2.2.2 Relation/Degree/Attribut/Tupel	24
2.2.3 Candidate-Key	24
2.2.4 Primary-Key, Alternate-Key, Foreign-Key	25
2.3 Relationale Integritätsregeln	27
2.3.1 Entity-Integrität	28
2.3.2 Referenzielle-Integrität	28
2.4 Relationale Algebra	30
2.4.1 RESTRICTION	30
2.4.2 PROJECTION	30
2.4.3 PRODUCT	31
2.4.4 UNION	31
2.4.5 INTERSECTION	32
2.4.6 DIFFERENCE	32
2.4.7 JOIN	32
2.4.8 DIVISION	36
2.4.9 Anwendungsbeispiele der relationalen Algebra	36
2.4.10 Degree – und Kardinalitätsveränderungen durch relationale Operatoren	38

3 Einführung in SQL　39

3.1	Etwas SQL-Geschichte	42
3.2	Der SQL-Markt	43
3.3	Einführung	44
	3.3.1　SQL – Befehlsübersicht	45
	3.3.2　EBNF als Hilfsmittel zur Sprachbeschreibung	46
3.4	DDL Daten-Definitions-Anweisungen	47
	3.4.1　CREATE TABLE – Tabellen erstellen	47
	3.4.2　GRANT – Benutzer berechtigen	48
	3.4.3　CREATE VIEW – Definieren einer logischen Tabelle	50
	3.4.3.1　Einschränkungen bei der Definition von VIEWs	51
	3.4.3.2　Einschränkungen bezüglich Updates auf VIEWs	52
	3.4.3.3　Anwendungsmöglichkeiten von VIEW's	53
3.5	DML Daten-Manipulations-Anweisungen	54
	3.5.1　Die SELECT-Anweisung (Daten aus der Datenbank lesen)	54
	3.5.1.1　SELECT-Spezifikation	55
	3.5.1.2　Spalten-Ausdruck	56
	3.5.1.3　Funktionen	58
	3.5.1.4　Tabellen-Ausdruck	59
	3.5.1.5　Such-Bedingung	61
	3.5.1.6　Das ALL-OR-ANY-Prädikat	62
	3.5.1.7　Das EXISTS-Prädikat	63
	3.5.2　Die DELETE-Anweisung (Zeilen löschen)	64
	3.5.3　Die UPDATE-Anweisung (Zeilen ändern)	65
	3.5.4　Die INSERT-Anweisung (Zeilen einfügen)	66
3.6	SQL-Kritik	66

4 Datenbankinternas und Performance　69

4.1	Der physische Zugriff auf Daten	71
4.2	Adressierung mit der Record-ID	74
4.3	Speicherstrukturen	75
	4.3.1　Der Binär-Baum	75
	4.3.2　Der B-Baum	82
	4.3.3　Hashing	82
	4.3.4　Heap	85
	4.3.5　Zusammenfassung	86
4.4	Die Abarbeitung von SQL-Statements	86
	4.4.1　Der semantische Level einer Programmiersprache	87
	4.4.2　Umsetzung von SQL-Ausdrücken in relationale Algebra	90
	4.4.3　Optimierung durch frühzeitige Restriktion	92

4.4.4	Optimierung durch JOIN	94
4.4.5	Realisierung des JOINJOIN-Realisierung	95
4.4.6	Der Query-Optimierer	100
4.4.7	Testen der Qualität des Query-Optimierers	103
4.5 Datenbank-Rechner		106
4.6 Zusammenfassung		112

5 Recovery und Parallelverarbeitung 113

5.1 Recovery		115
5.1.1	Logging	116
5.1.2	Transaktion	116
5.1.3	Transaktionsabrüche	119
5.1.4	ROLLBACK (Undo) Logik	120
5.2 Parallelverarbeitung		120
5.2.1	Datenbank Lock (Sperrung)	122
5.2.2	Exklusive Locks	123
5.2.3	Deadlocks	126
5.2.4	Shared Locks	129
5.3 Transaktionsverarbeitung unter SQL		131
5.4 Performance in der Multiuser Umgebung		133

6 Verteilte Datenbanken 135

6.1	Was versteht man unter einem VDBMS	138
6.2	Die zwölf Regeln von C.J. Date;	140
6.3	Die speziellen Anforderungen an den Optimierer im VDBMS	145
6.4	Transaktionsverwaltung im VDBMS	151
6.5	Synchronisation im VDBMS	152
6.6	Recovery im VDBMS	153
6.7	Aktuelle Produkte	153

7 Datenbank-Design 155

7.1 Normalisierung		158
7.1.1	Normalisierungsgründe	159
7.1.2	Abhängigkeiten von Attributen	161
7.1.3	Erste Normalform	163
7.1.4	Zweite Normalform	164
7.1.5	Dritte Normalform	165
7.1.6	Boyce/Codd (BCNF) Normalform	166
7.1.7	Vierte Normalform	166

	7.1.8 Fünfte Normalform	167
7.2	Entity Relationenship Modell (ER-Modell)	169
	7.2.1 Entity Relationenship Diagramme	170
	7.2.2 Degree eines Relationenship (Grad einer Beziehung)	171
	7.2.3 Mitgliedsklassen	172
	7.2.4 Auflösung des ER-Modells in Relationen	174
7.3	Zusammenfassung	179

8 Die zwölf Regeln zur Bestimmung der Relationalität eines DBMS   **181**

8.1	Einführung	183
8.2	Die zwölf RDBMS Regeln	184
8.3	Schlußfolgerung	192

9 Datenbankauswahl   **193**

9.1	Allgemeine Vorgehensweise	196
9.2	K.O.-Kriterien	197
9.3	Strategische Kriterien, die sich nur schwer rein technisch beurteilen lassen	198
9.4	Technische Kriterien	200
9.5	Gewichtung des Anforderungskatalogs	209
9.6	Ermitteln der Funktionalität eines DBMS	209

Anhänge   **211**

A	Glossar	211
B	Literaturverzeichnis	221
	Index	227

Einleitung

Die Geschichte der Datenbanksysteme läßt sich schon über 20 Jahre zurückverfolgen. IMS von IBM, eines der ersten Datenbanksysteme, kam 1968 auf den Markt. Seit dieser Zeit ist das Angebot, durch die Entwicklung von hierarchischen- über Netzwerk-Datenbanksysteme und invertierten Listen zu den relationalen Datenbanksystemen, immer unübersichtlicher geworden. Man schätzt, daß z.Z. über 150 verschiedene Datenbanksysteme auf dem Markt existieren. Heute spürt man allerdings eine starke Tendenz in Richtung der relationalen DMBS (RDBMS). So werden bei Neuentwicklungen von DV-Anwendungen fast ausschließlich relationale Datenbanksysteme eingesetzt.

Allerdings ist trotz dieser Popularität kaum eine andere Entwicklung in der Datenverarbeitung nach so vielen Jahren noch so umstritten, wie die relationalen Datenbanken. Diejenigen, die sich zu diesem Phänomen bisher geäußert haben, begründen dies damit, daß die von Codd im Jahre 1970 aufgestellten Theorien "nur" die mathematischen Grundlagen darstellten und die meisten Datenbankhersteller die Implementierung dieser Theorien (Datenbanksysteme) bisher nur sehr mangelhaft realisieren konnten.

Laut E.F. Codd ist das relationale Modell eine *Art*, die Daten zu sehen. In der Praxis zeigt sich jedoch, daß der Anwender relationaler Datenbanken eine ganze Philosophie verstehen muß. So ist ein weiterer Grund für die in der Vergangenheit sehr schleppende Durchsetzung von relationalen Datenbanksystemen entstanden: die unzureichende Ausbildung und notwendige Erfahrung der von dieser Technologie berührten Personengruppen.

Das Buch beinhaltet eine Zusammenfassung der wichtigsten Erkenntnisse auf dem Gebiet der relationalen Datenbanken der letzten 20 Jahre. Es soll dem Leser zeigen, daß ein RDBMS nicht nur aus der Sprache SQL besteht, sondern daß die Erkenntnisse, die in diesen 20 Jahren theoretischer und praktischer Forschung erarbeitet wurden, eine neue Denkphilosophie hervorgebracht haben. Diese Philosophie beeinflußte Softwaretendenzen wie z.B. CASE-Produkte oder Programmiersprachen der vierten Generation maßgeblich.

Zum Inhalt dieses Buches

Kapitel 1 gibt, anhand eines praktischen Beispiels, zunächst eine kurze Einführung in Datenbank-Management-Systeme. Dieses Kapitel soll sowohl die Vorteile eines Datenbanksystems als auch die Notwendigkeit der Datenmodellierung aufzeigen. Leser, die schon mit der Materie Datenbanken vertraut sind, können dieses Kapitel unbedenklich überspringen.

Kapitel 2 gibt eine allgemeine Einführung in die theoretischen Grundlagen der relationalen Datenbanken, wobei der Leser mit der relationalen Algebra vertraut gemacht wird.

Danach gibt **Kapitel 3** eine Übersicht über die bezüglich relationaler Datenbanken am meisten benutzte Sprache SQL.

Kapitel 4, Datenbankinternas und Performance, bildet eines der Schwerpunktthemen dieses Buches. Hier wird dem Leser auf verständliche Art verdeutlicht, wie Datenbanksysteme Befehle optimieren und ausführen.

Die Daten in einer Datenbank müssen zu jedem Zeitpunkt konsistent sein. Dies gilt nicht nur für einen einzelnen Benutzer der Datenbank, sondern auch, wenn zu einem Zeitpunkt gleichzeitig viele Benutzer Daten in der Datenbank ändern. Wie das DBMS jedem einzelnen Anwender eine Datensicht gibt, die so aussieht, als wenn er alleine mit den Daten arbeiten würde, wird in **Kapitel 5** behandelt: Recovery und Parallelverarbeitung.

In **Kapitel 6** wird auf den derzeitigen Trend zu verteilten Datenbanken eingegangen, da gerade auf diesen Gebieten relationale Datenbanken ihre besondere Stärke zeigen können. Da ohne ein sauberes Datenbank-Design die Daten einer Datenbank früher oder später unbrauchbar werden, führt **Kapitel 7** den Leser in das Thema Datenbank-Design ein.

Gerade aus der Notwendigkeit heraus, daß sich mittlerweile auf dem relationalen Datenbankmarkt auch einige DBMS befinden, die nicht voll-relational sind, werden in **Kapitel 8** zwölf Regeln vorgestellt, mit deren Hilfe es möglich ist, den "Reifegrad" eines Datenbank-Management-Systems bezüglich den Anforderungen an ein echt relationales DBMS zu ermitteln.

Bevor jedoch mit dem Aufbauen einer relationalen Datenbank begonnen werden kann, muß zunächst ein relationales DBMS gekauft werden. Da sich auf dem Markt zur Zeit etwa 150 verschiedene DBMS-Hersteller tummeln, die ihr Datenbank-Management-System als relational bezeichnen, gibt **Kapitel 9** einige Hinweise, wie bei der Datenbankauswahl vorgegangen und auf welche Punkte geachtet werden sollte.

Zum Verständnis dieses Buches werden bezüglich Datenbanken keine Vorkenntnisse benötigt. Der Leser sollte allerdings mit dem grundsätzlichen Aufbau und der Arbeitsweise eines Computers vertraut sein. Hierzu empfehlenswerte Literatur ist [Wiederhold 83] und [Martin 77].

1

Einführung in Datenbank-Management-Systeme

- Von der Realwelt zum Modell
- Vom Modell zur Datenbank
- Das Dreischichtenmodell nach ANSI/SPARC
- Datenbank vs. Dateisystem

| Definition | »Eine Datenbank ist eine Sammlung von nicht-redundanten Daten, die von mehreren Applikationen benutzt werden.« [Howe 83] |

Unter einem **Datenbank-Management-System** (**DBMS**) versteht man ein Softwarepaket, welches in der Lage ist, (Anwender-) Daten in einem Computersystem zu verwalten. Unter einem **relationalen Datenbank-Management-System** (**RDBMS**) versteht man außerdem, daß dieses DBMS für die Verwaltung der Daten intern eine bestimmte Technologie benutzt und daß es bestimmten Anforderungen genügt. Es verwaltet die Daten in einfachen **Tabellen** (wir werden diese Anforderung später konkretisieren).

1.1 Von der Realwelt zum Modell

Wir wollen zunächst am Beispiel der hypothetischen Firma Shusha & Co die Entstehungsgeschichte einer Datenbank verfolgen.

Die Firma Shusha & Co handelt mit PCs und Zubehör. Sie kauft diese Geräte bei verschiedenen Lieferanten und verkauft sie nach telefonischer Bestellung an Einzelhändler, von denen diese PCs dann an den Endkunden weiterverkauft werden.

Aufgrund der enormen Nachfrage nach PCs und Zubehör kann das Geschäftsaufkommen mittlerweile nicht mehr über Karteikarten abgewickelt werden. Somit entschließt man sich zur Einführung eines relationalen Datenbanksystems und dazu gehöriger Anwendungsprogramme.

Um eine solche Datenbank aufzubauen, muß jedoch zunächst ein sogenanntes **Datenmodell**, das ein möglichst exaktes Abbild der realen Welt ist, definiert werden. Wie kommt die Firma Shusha & Co zu einem solchen Datenmodell? Zunächst wird durch eine Analyse der realen Welt ein zu modellierender Teilausschnitt dieser realen Welt definiert. Diesen Teilausschnitt nennt man **Miniwelt**.

Beim Betrachten dieser Miniwelt erkennt man gewisse **Objekte** (sogenannte **Entities**) wie Artikelnamen, Kundennamen, Kundenadressen usw. Zwischen diesen Objekten existieren Beziehungen, die bestimmte Abläufe oder Abhängigkeiten in der Miniwelt darstellen (z.B. die Bestellungen, die die Beziehung zwischen den Kunden und den Artikeln darstellen). Um zu einem Datenmodell zu gelangen, faßt man gleichartige Objekte und gleichartige Beziehungen jeweils zu Klassen zusammen. Somit ergeben sich:

- **Objekttypen** wie ARTIKEL, LIEFERANTEN, KUNDEN und
- **Beziehungstypen** wie BESTELLUNGEN, die die Objekte in eine gewisse Beziehung bringen (welcher Kunde bestellt welchen Artikel).

Jedem Objekttyp sind gewisse Eigenschaften zugeordnet (z.B. dem Objekttyp ARTIKEL die Eigenschaft: ART_BEZ und PREIS), die Attribute des Objekttyps. Aber auch Beziehungstypen können Attribute besitzen. So besitzt der Beziehungstyp BESTELLUNGEN das Attribut MENGE.

Vier der wichtigsten Objekttypen aus der Miniwelt der Firma Shusha & Co werden, mit den dazugehörigen Attributen, als Datenmodell für eine Beispieldatenbank in diesem Buch dienen. Es handelt sich hierbei um die Objekte

Artikel:	alle lieferbaren Artikel,
Lieferanten:	die Lieferanten, von denen Produkte bezogen werden,
Kunden:	alle Kunden, die Bestellungen aufgeben,
Bestellungen:	die offenen Bestellungen der Kunden.

Diese Objekte stehen in gewissen Beziehungen zueinander:

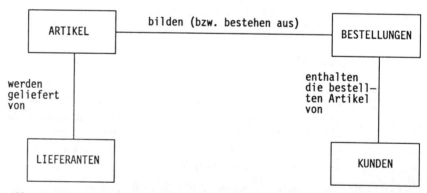

Abb. 1.1 Vier der wichtigsten Objekttypen und deren Beziehungen zueinander aus der Miniwelt der Firma Shusha & Co

Die Firma handelt mit verschiedenen ARTIKELN. Die Artikel werden von verschiedenen LIEFERANTEN geliefert. Verschiedene Kunden bestellen ARTIKEL; dieser Vorgang wird in dem Entity BESTELLUNGEN verwaltet.

Diese Art der Darstellung von Beziehungen zwischen Objekten einer realen Welt wird Entity-Relationenship-Modell (ER-Modell) genannt. Wir werden in Kapitel 7 näher auf das ER-Modell eingehen.

Aus diesem Diagramm lassen sich (leicht erkennbar) beispielsweise folgende Tabellen bilden:

LIEFERANTEN

LIEF_NR	LIEF_NAME
1	NEC
2	Audio Master
3	Thomson
4	Easyprint
5	Sharp

ARTIKEL

ART_NR	ART_BEZ	ART_ART	LIEF_NR
1	Multisync II	Monitor	1
2	Multisync I	Monitor	2
3	Herkules	Grafikkarte	1
4	Thomson	Monitor	3
5	Flat 14"	Monitor	2
6	P6 +	Drucker	4
7	P7 +	Drucker	4
8	Laser Printer	Drucker	4

BESTELLUNGEN

KNR	ART_NR	MENGE
1	2	1
1	3	3
4	2	2
2	8	1
3	1	1
3	8	1
3	3	1

KUNDEN

KNR	KNAME	KSTRAßE	KHSNR	KPLZ	KORT
1	FAMA	Goethestr	19	6070	Langen
2	GSA	Hoenbergstr	2a	6370	Oberursel
3	Klöckner	Paradiesweg	7	2080	Pinneberg
4	RADOVAN	Im Sand	45	1000	Berlin
5	Göhler	Schmalweg	11	6900	Heidelberg

Abb. 1.2 Tabellen der Beispieldatenbank

1.2 Vom Modell zur Datenbank

Im Gegensatz zu den nicht-relationalen Datenbank-Management-Systemen ist eine der Anforderungen an ein relationales Datenbank-Management-System (**RDBMS**), daß es die Daten in einfache **Tabellen** abspeichert. Eine solche Tabelle, in der z.B. die Daten von Mitarbeitern eines Unternehmens gespeichert sind, könnte folgenden Aufbau besitzen:

10 Vom Modell zur Datenbank

ANGESTELLTE

ANR	NAME	ANSCHRIFT	BERUF
1	Müller	Hauptstr 1	Operator
2	Hinz	Am Weiher 8	Physiker
3	Kunz	Bahnhofstr 6	Programmierer
4	Müller	Hauptstr 1	Programmierer
.	.	.	.
.	.	.	.
99	Fischer	Hinterm Zaun	Informatiker

Jede in der Datenbank gespeicherte Information wird somit in solchen »einfachen« Tabellen festgehalten. Eine Tabelle hat immer einen fest strukturierten Aufbau aus Zeilen (Daten-Sätze) und Spalten, der einmalig beim Anlegen der Tabelle definiert wird und sich während der gesamten Lebensdauer der Tabelle nie ändern kann[1]. Nur die Inhalte (Anzahl und Werte der Zeilen) der Tabelle können sich ändern. Das RDBMS stellt Werkzeuge zur Verfügung, um

- neue (leere) Tabellen zu definieren,
- Datensätze in dieser Tabelle hinzuzufügen,
- Daten aus bestehenden Tabellen zu suchen (lesen),
- einzelne Datenfelder in diesen Tabellen zu ändern,
- ganze Sätze aus den Tabellen zu entfernen (löschen)
- und leere oder auch mit Daten gefüllte Tabellen komplett aus der Datenbank zu entfernen.

Durch eine Selektion können bestimmte Daten aus einer (oder mehreren) Tabelle(n) ermittelt werden:

SELECT NAME, ANSCHRIFT
FROM ANGESTELLTE
WHERE BERUF = 'Programmierer'

Übersetzt bedeutet der Befehl:

SUCHE NAME, ANSCHRIFT
AUS ANGESTELLTE
WOBEI BERUF = 'Programmierer'

---

[1] Es gibt RDBMSe, die es erlauben, mit einem Befehl eine neue Spalte in einer Tabelle hinzuzufügen oder zu löschen. Es ist zu beachten, daß (nach dem relationalen Modell) dadurch eine neue (und somit andere) Tabelle entsteht.

Das RDBMS würde folgendes Ergebnis ermitteln:

NAME	ANSCHRIFT
Kunz	Bahnhofstr 6
Müller	Hauptstr 1

Genauso kann z.B. ein neuer Satz eingefügt werden durch:

INSERT INTO ANGESTELLTE **VALUES**
(5, 'Mayer', 'Wilhelmstr 8', 'Koch')

geändert werden durch:

UPDATE ANGESTELLTE
SET   ANSCHRIFT = 'Neue Heimat 11'
WHERE   ANR = 1

oder gelöscht werden durch:

DELETE FROM ANGESTELLTE
WHERE   ANR = 4

Das RDBMS hat die Aufgabe, Daten intern, evtl. mit Hilfe des Betriebssystems, in Dateien (Files), die in der Regel auf einer Festplatte gespeichert sind, zu verwalten und sie nach Anforderung bereitzustellen. Somit hat das Datenbanksystem Schnittstellen zur Hardware, zum Betriebssystem und zum Benutzer.

In der Regel wird dem Endbenutzer vom Programmierer ein Programm zur Verfügung gestellt, welches mit dem Datenbanksystem kommuniziert. Dieses Anwendungsprogramm bildet somit die Schnittstelle zwischen dem Benutzer und dem DBMS.

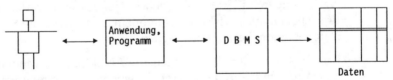

Anwender

Abb. 1.3 Schnittstelle zwischen Anwender, Programm, DBMS und den Daten

Es ist wichtig, zwischen **Datenbank** und **Datenbank-Management-System** (DBMS), manchmal auch nur Datenbanksystem genannt, zu unterscheiden. Das DBMS ist reine Software, die bei einem DBMS-Lieferanten gekauft wird. Dieses DBMS verwaltet Daten, die auf Platten gespeichert sind.

Unter dem Begriff **Datenbank** versteht man sowohl das DBMS als auch die gespeicherten Daten.

1.3 Das Dreischichtenmodell nach ANSI/SPARC

Datenbanksysteme sollen die Verwaltung der Daten übernehmen. Im Idealfall existiert in einem Unternehmen nur eine Datenbank und somit auch nur eine Datenbankstruktur. Diese Datenbankstruktur, das **konzeptionelle Schema**, hat fundamentale Bedeutung für die gesamte Verwendung der in der Datenbank aufbewahrten Daten. Sie stellt die logische Gesamtsicht aller Daten dar.

Für viele Benutzergruppen der Daten (sowohl Programmierer als auch Endanwender) genügt ein kleiner Ausschnitt dieses Gesamtmodells zur Erledigung der mit den Daten auszuführenden Aufgaben. Jeder dieser Modellausschnitte muß jedoch aus der logischen Gesamtsicht aller Daten herleitbar sein.

Intern im Datenbanksystem muß dafür gesorgt werden, daß die Daten auf den dafür zur Verfügung stehenden Speichermedien physisch abgelegt werden, und daß in geeigneter Form auf sie zugegriffen werden kann.

Somit können drei Ebenen der Sicht auf die in der Datenbank gesammelten Daten voneinander unterschieden werden:

- Externe Ebene   (Benutzersichten)
- Konzeptionelle Ebene   (Logische Gesamtsicht)
- Interne Ebene   (Physische Sicht)

Nach dem ANSI/SPARC-Modell [ANSI 75] wird verlangt, daß diesen drei Ebenen auch wirklich drei voneinander getrennte Schichten in der Datenbankarchitektur entsprechen.

Die Trennung der drei Ebenen im ANSI/SPARC-Modell bezwecken, daß Änderungen in der internen Ebene vorgenommen werden können, ohne daß die konzeptionelle Ebene davon berührt wird. Desgleichen können bestimmte Änderungen an der konzeptionellen Ebene vorgenommen werden, ohne daß bereits existierende Benutzersichten davon berührt werden.

Das bedeutet für externe Benutzergruppen, daß Programme, die mit den Daten der Datenbank operieren, sowohl physisch als auch logisch datenunabhängig sind. Somit werden bei Änderungen des Datenmodells Programmanpassungen vermieden.

1.4 Datenbank vs. Dateisystem

In den Anfängen der elektronischen Datenverarbeitung kannte man noch keine Datenbanksysteme. Jedes Programm speicherte seine Daten in einfachen Dateien. Diese Dateien wurden den Programmen fest zugeordnet; somit waren die gleichen Daten in der Regel mehrmals gespeichert (.i.redundant;). Falls ein Programm die Daten eines anderen Programms zur Weiterverarbeitung benötigte, wurden diese Daten in der Regel für diese spezielle Anwendung kopiert.

Damals wurden die einzelnen Programme noch sequentiell nacheinander abgearbeitet. D.h. erst wenn das eine Programm komplett abgearbeitet war, wurde das nächste Programm gestartet. Doch im Laufe der Weiterentwicklung der Datenverarbeitungsanlagen wurden die Anforderungen an die Applikationen immer anspruchsvoller. Man erwartete von den Daten einen immer aktuelleren Stand. Somit mußte z.B. der Lagerbestand eines Unternehmens sofort aktualisiert werden, wenn ein Auftrag ausgeführt wurde. Es konnte ja vorkommen, daß ein anderes Programm schon kurze Zeit später den Lagerbestand wissen wollte, um einem Kunden Auskunft über die Liefermöglichkeiten eines Teils zu geben. Außerdem sollten diese Informationen direkt (Online) vom Rechner abrufbar sein.

Gleichzeitig wurde die Datenstruktur immer komplexer. Große Unternehmen hatten plötzlich tausende von Dateien zu verwalten. Es wurden ganze Aktenschränke mit Dateibeschreibungen manuell verwaltet, die sich nie auf aktuellem Stand befanden.

Dies war die Zeit, in der man über »zentralisierte Datenverwaltungsprogramme« nachdachte. Das waren Programme, die sowohl die Struktur (Satzaufbau) der Dateien als auch die dazugehörigen physischen Speichermedien und die Programme, die mit diesen Daten operierten, verwalteten. Somit waren die ersten Ansätze eines Datenbanksystems entstanden.

Im Laufe der Zeit wurde die Funktionalität dieser Datenverwaltungsprogramme immer weiter ausgebaut. Heute haben Datenbanksysteme nicht nur das »Wissen« über Zusammenhänge der Daten untereinander, sondern sie übernehmen auch Tätigkeiten wie Überwachung vor unberechtigtem Zugriff, Datensicherung, Kontrolle des gleichzeitigen Zugriffs mehrerer Programme usw.

Die Vorteile von Datenbanksystemen gegenüber herkömmlichen Dateisystemen sind vor allem in der einfacheren Programmierung zu sehen. Als die Programme noch dateiorientiert arbeiteten, mußte in jedem einzelnen Programm

- die Datenstruktur aller benutzten Dateien definiert werden,

- die Programmlogik nicht nur vorwärts, sondern für den Fall des Programmabbruchs auch noch mal rückwärts programmiert werden und

- falls das Programm beabsichtigte, die Daten zu ändern, sichergestellt sein, daß die Daten für andere Programme gesperrt waren.

Da bei Einsatz eines Datenbanksystems alle diese Programmteile an einer zentralen Stelle zur Verfügung gestellt werden (im DBMS), ergibt sich eine immense Vereinfachung der Applikationspogramme. Diese werden einfacher und Programmfehler somit vermieden. Ein weiterer Vorteil bei Einsatz eines Datenbanksystems ist, daß die Datenbeschreibungen (Datentyp und Zusammenhänge der Daten) an zentraler Stelle in einem sogenannten **Data Dictionary** vom DBMS verwaltet werden. Dadurch werden die Applikationsprogramme unabhängiger von Änderungen der Datenstruktur.

Relationale Datenbanksysteme

Eines der ersten Datenbanksysteme kam 1968 auf den Markt. Es war das **hierarchische Datenbanksystem IMS** von IBM. Sehr bald stellte man jedoch fest, daß die Möglichkeiten, die reale Welt in diesem DBMS abzubilden, nicht ausreichten. Anfang der siebziger Jahre definierte dann das **CODASYL** Komitee (Conference on Data Systems Languages), ein Komitee, das für die Definition der Programmiersprache COBOL zuständig ist, eine Norm für Netzwerk-Datenbanksysteme [CODASYL 71]. Diese sind in der Definition der Datenstrukturen erheblich flexibler als die hierarchischen Datenbanksysteme. Konkrete Produkte, die der CODASYL Norm unterliegen, sind die Datenbanksysteme IDMS von Cullinet Software und IDS-2 von Honeywell.

Sowohl in den hierarchischen als auch in den Netzwerk-Datenbanksystemen werden die Daten intern durch sogenannte Datenbankadressen (aus denen das DBMS relativ einfach die Satz-Adresse auf der Platte errechnen kann) verpointert. Dies hat den Nachteil, daß die logischen Zusammenhänge der Daten schon zum Definitionszeitpunkt der

ITERESSANTE REISE FÜR JEDE NTWORTKARTE

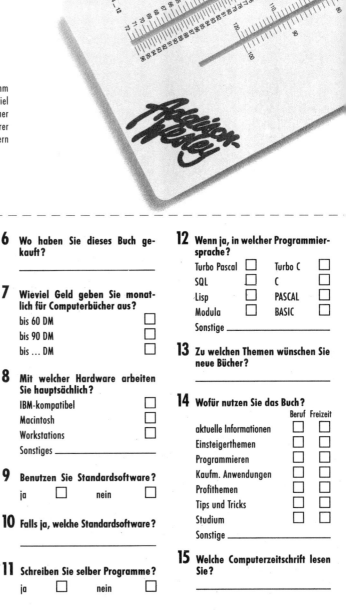

worten helfen uns, unser Buchprogramm ser zu planen. Deshalb ist uns Ihre Hilfe viel e ausgefüllten Karten nehmen an einer rlosung von Addison-Wesley-Büchern Ihrer d Addison-Wesley-Bildschirm-Typometern

– Ihre Mitarbeit lohnt sich.

EBOGEN

hlecht

nlich ☐   weiblich ☐

☐☐

Sie berufstätig?

rufsausbildung ☐
ngestellt ☐
eiberuflich ☐
er ☐
nt ☐

he Position haben Sie inner- Ihres Unternehmens?

_____
_____

iel Computerbücher haben Sie ünlich in den letzten 12 Mona- ngefähr gekauft?

d mehr ☐   10–19 ☐
☐   1–4 ☐

6 Wo haben Sie dieses Buch gekauft?

_____

7 Wieviel Geld geben Sie monatlich für Computerbücher aus?

bis 60 DM ☐
bis 90 DM ☐
bis ... DM ☐

8 Mit welcher Hardware arbeiten Sie hauptsächlich?

IBM-kompatibel ☐
Macintosh ☐
Workstations ☐
Sonstiges _____

9 Benutzen Sie Standardsoftware?

ja ☐   nein ☐

10 Falls ja, welche Standardsoftware?

_____

11 Schreiben Sie selber Programme?

ja ☐   nein ☐

12 Wenn ja, in welcher Programmiersprache?

Turbo Pascal ☐   Turbo C ☐
SQL ☐   C ☐
Lisp ☐   PASCAL ☐
Modula ☐   BASIC ☐
Sonstige _____

13 Zu welchen Themen wünschen Sie neue Bücher?

_____

14 Wofür nutzen Sie das Buch?

	Beruf	Freizeit
aktuelle Informationen	☐	☐
Einsteigerthemen	☐	☐
Programmieren	☐	☐
Kaufm. Anwendungen	☐	☐
Profithemen	☐	☐
Tips und Tricks	☐	☐
Studium	☐	☐

Sonstige _____

15 Welche Computerzeitschrift lesen Sie?

_____

T H E   S I G N   O F   E X C E L L E N

ADDISON-WESLEY ist einer der führenden Computer-buch-Verlage Amerikas, der jetzt auch in Deutschland mit Büchern zur Künstlichen Intelligenz, über Software, Programmieren u. a. zu den Spitzenverlagen der Computerwelt gehört. Ihr Buchhändler bestellt Ihnen gerne jedes gewünschte ADDISON-WESLEY-Buch. Zu Ihrer Information senden wir Ihnen die aktuelle Ausgabe des „ADDISON-WESLEY Computer Buch Magazin". Kreuzchen auf Ihrer Postkarte genügt.

 ADDISON-WESLEY

Absender

Name

Vorname

Straße

PLZ, Ort

☐ Bitte senden Sie mir das „ADDISON-WESLEY Computer Buch Magazin".

Teilnehmen kann jeder ab 18, ausgenommen Mitarbeiter des Verlages und ihre Angehörigen. Jede Einsendung nimmt an den Verlosungen teil – der Rechtsweg ist ausgeschlossen.
Ich bin einverstanden, daß meine Daten, soweit gesetzlich zulässig, gespeichert werden.

Datum   Unterschrift

Antwortkarte

Bitte
60
freim

**An
ADDISON-WESLEY Verlag
(Deutschland) GmbH
Poppelsdorfer Allee 32**

5300 Bonn 1

Datenbank bekannt sein müssen. Nachträgliche Änderungen an der Struktur der Daten sind sehr aufwendig und haben eine Unterbrechung des laufenden Datenbankbetriebs zur Folge.

Diese Nachteile treten bei relationalen Datenbanken nicht auf. Da hier keine physische Verpointerung der Daten stattfindet, können Änderungen an einzelnen Tabellen unabhängig von nicht betroffenen Tabellen durchgeführt werden.

Desweiteren ist das relationale Modell, auf dem die relationalen Datenbanken basieren, nicht mit der CODASYL-Norm vergleichbar. Die CODASYL-Norm definiert lediglich die Syntax und Semantik zweier Sprachen, die dazu dienen, die logischen Zusammenhänge von Daten zu beschreiben (DDL = Data Definition Language) und wie diese Daten zu finden bzw. zu ändern sind (DML = Data Manipulation Language). Das relationale Modell hingegen definiert darüber hinaus eine mathematisch fundierte Algebra zur Verarbeitung der Daten.

Der Datenbankadministrator (DBA)

Der Betrieb einer Datenbank benötigt, unabhängig davon, ob es sich um eine hierarchische, Netzwerk- oder relationale Datenbank handelt, einen Datenbankadministrator. Er hat die Aufgabe, das Datenbanksystem zu betreuen. Hierzu gehören Tätigkeiten wie

- Entscheiden, welche Information in der Datenbank festgehalten werden soll,
- Festlegen der physischen Speicherstrukturen und Zugriffsmechanismen,
- Beraten des Anwenders (sowohl des Programmierers als auch des Endanwenders),
- Definieren von Zugriffsberechtigungen und Integritätsregelungen,
- Definieren von Datensicherungs- und Rücksicherungsroutinen,
- Überwachen der Geschwindigkeit des Datenbanksystems.

Diese Aufgaben werden in der Regel von einem erfahrenen Datenbankfachmann oder in großen Firmen von einer ganzen Abteilung übernommen.

2

Relationale Grundlagen

- Das Relationale Modell
- Relationale Objekte
- Relationale Integritätsregeln
- Relationale Algebra

Dieses Kapitel basiert auf E.F. Codds Artikel »A Relational Model of Data for Large Shared Data Banks« [Codd 70], der 1970 veröffentlicht wurde und auf dem 1979 erschienenen Werk »Extending the Database Relational Model to Capture More Meaning« [Codd 79] des gleichen Autors. Diese Version 1 des relationalen Modells wurde in der Zeit von 1969 bis 1988 durch zahlreiche Veröffentlichungen und Konferenzen detailliert. Erst im Jahre 1990 veröffentlichte E.F. Codd die Version 2 seines relationalen Modells (RM/V2) [Codd 90]. Es handelt sich hierbei sowohl um eine Zusammenfassung der wichtigsten Veröffentlichungen auf diesem Gebiet als auch um einige zusätzliche Ergänzungen. Nach dieser Version 2 des relationalen Modells muß ein relationales DBMS 333 einzelne Kriterien erfüllen, bevor es sich relational nennen darf. Es wird allerdings mindestens 10 bis 20 Jahre dauern, bis ein Datenbanksystem verfügbar ist, das alle diese 333 Kriterien erfüllt.

Da diese Veröffentlichungen teilweise sehr abstrakt gehalten und sehr umfangreich sind, werden hier nur die Kernideen an praktischen Beispielen wiedergegeben. Für einen Anwendungsprogrammierer oder Datenbankadministrator ist es wichtig, das Modell zu verstehen. Die wichtigsten Begriffe, die Grundphilosophien und die Regeln, die beim Design von Datenbanken zu beachten sind, kann man dem relationalen Modell entnehmen und sollten diesen Personengruppen bekannt sein.

Nur durch die konsequente Anwendung dieser Gesetze, das Wissen über die Arten und Zusammenhänge von Daten und wie diese in welchen Tabellen zu definieren sind, sind die Daten in einem Datenbanksystem über lange Zeit brauchbar.

E.F. Codds Absicht war es, dem Anwender die Möglichkeit zu geben, die Daten mit Hilfe eines mathematisch sauberen Modells in den Griff zu bekommen.

2.1 Das Relationale Modell

Das **relationale Modell** besteht aus der Definition von Objekten, Operationen und Regeln. Die Operatoren definieren eine relationale Algebra, mit der die Objekte bearbeitet werden können.

20 Relationale Objekte

In diesem Buch wurden bei den Bezeichnungen die Originalbegriffe beibehalten. In Klammern werden die bekannteren, eingedeutschten Begriffe aufgeführt.

Dies sind im einzelnen:

Relationale Objekte:
- Domain (Wertebereich)
- Relation (Tabelle)
- Degree (Ausdehnungsgrad der Tabelle)
- Attribut (Spalte)
- Tuple (Datensatz, Rekord)
- Candidate-Key (eindeutiger Schlüssel)
- Primary-Key (Hauptschlüssel)
- Alternate-Key (Zweitschlüssel)
- Foreign-Key (Fremdschlüssel)

Relationale Integritätsregeln:
- Entity-Integrität
- Referenzielle Integrität

Relationale Operationen:
- Restriction (Zeilenselektion)
- Projection (Spaltenselektion)
- Product (Kartesisches Produkt)
- Union (Vereinigung)
- Intersection (Schnittmenge)
- Difference (Differenz)
- Join (Verbindung)
- Division (Division)

2.2 Relationale Objekte

Die Abbildung 2.1 verdeutlicht an unserer Beispielrelation ARTIKEL die wichtigsten Objekte des relationalen Modells.

In den folgenden Absätzen wird näher auf die Bedeutung dieser Begriffe eingegangen.

Kapitel 2 Relationale Grundlagen

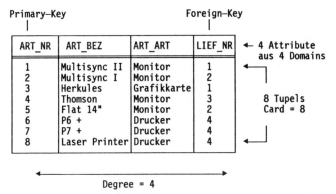

Abb. 2.1 Die wichtigsten Objekte des relationalen Modells

2.2.1 Domäne

Unter **Domäne** wird der Wertebereich eines Attributs verstanden. So besteht z.B. die Domäne MITARBEITERNAME aus den Werten Müller, Maier, Schulz oder es werden beispielsweise alle möglichen Lieferantennummern der gesamten Datenbank in der Domäne LIEFERANTENNUMMERN aufgeführt. Bei der Definition eines Attributes (Spalte) wird dann auf diese Domäne Bezug genommen.

Dem Begriff der Domäne entspricht in einer herkömmlichen Programmiersprache der Datentyp:

TYPE LIEFERANTENNUMMERN = (1..2000);
VAR LIEF_NR: LIEFERANTENNUMMERN;

Domänen sind relationenübergreifend definiert. Auf sie kann in jeder Relation Bezug genommen werden.

Ein Wert (Element) einer Domäne ist atomar. Damit soll ausgedrückt werden, daß er nicht weiter sinnvoll zerteilt werden kann. Z.B. ist eine ADRESSE nicht atomar, da sie in STRASSE, HAUSNUMMER, PLZ, ORT und LAND zerlegt werden kann.

Betrachten wir die beiden Relationen ARTIKEL und LIEFERANTEN aus unserer Beispieldatenbank,

22 Relationale Objekte

ARTIKEL			
ART_NR	ART_BEZ	ART_ART	LIEF_NR
1	Multisync II	Monitor	1
2	Multisync I	Monitor	2
3	Herkules	Grafikkarte	1
4	Thomson	Monitor	3
5	Flat 14"	Monitor	2
6	P6 +	Drucker	4
7	P7 +	Drucker	4
8	Laser Printer	Drucker	4

LIEFERANTEN	
LIEF_NR	LIEF_NAME
1	NEC
2	Audio Master
3	Thomson
4	Easyprint
5	Sharp

so existieren fünf Domänen:

- Artikelnummern
- Artikelbezeichnungen
- Artikelarten
- Lieferantennummern
- Lieferantennamen

Die Domäne Lieferantennummern wird in beiden Relationen benutzt und hat in unserem Beispiel in beiden Relationen den gleichen Attributnamen LIEF_NR, was nicht immer der Fall sein muß. In manchen Fällen ist es auch notwendig, in einer Relation zwei Attribute zu definieren, die der gleichen Domäne unterliegen:

MITARBEITER

M_NR	NAME	ABT	CHEF
1	Müller	21	Tampfel
2	Mayer	21	Tampfel
3	Ganz	11	Korn
4	Sauer	11	Korn

Abb. 2.2   Relation mit zwei Attributen gleicher Domäne

Hier unterliegen die Attribute NAME und CHEF der gleichen Domäne, die man als MITARBEITERNAMEN bezeichnen könnte.

Domänen werden benötigt, um die Verträglichkeit bei Verknüpfungen von Attributen in arithmetischen oder logischen Operationen sowie bei JOINS zu testen.

So ist z.B folgende SQL-Anweisung nicht nur sinnlos, sondern sogar verboten:

```
SELECT  M_NR, NAME
FROM    MITARBEITER
WHERE   M_NR = ABT
```

Allerdings wäre

```
SELECT  M_NR, NAME
FROM    MITARBEITER
WHERE   NAME = CHEF
```

sinnvoll und erlaubt.

NULL-Werte im relationalen Modell

In einer Datenbank kann es auch vorkommen, daß ein Wert nicht bekannt ist oder nicht zutrifft. Dafür wurden im relationalen Modell die sogenannten NULL-Werte eingeführt. Ob in einer Domäne der NULL-Wert erlaubt ist, muß bei der Definition der Domäne angegeben werden.

Im Lager wurde ein Kabel gefunden, dessen Hersteller unbekannt ist. Es soll in die Relation ARTIKEL aufgenommen werden.

ARTIKEL

ART_NR	ART_BEZ	ART_ART	LIEF_NR
7	P7 +	Drucker	4
8	Laser Printer	Drucker	4
9	8-Pol Kabel	Kabel	?

Abb. 2.3 Relation mit NULL-Werten

Der Attributwert »?« soll einen NULL-Wert darstellen.

NULL-Werte spielen in Verbindung mit der relationalen Operation »Join« eine große Rolle (siehe Outer-Join). Durch Einführung der NULL-Werte wird aus der zwei-wertigen Bool'schen Logik eine drei-wertige Logik, da alle bool'schen Operationen wie AND und NOT nicht nur für die Werte TRUE und FALSE, sondern auch für das Argument NULL definiert werden müssen[1].

---

[1] Im relationalen Modell Version 2 wird diese drei-wertige Logik auf eine vier-wertige Logik erweitert [Codd 86], [Codd 90].

2.2.2 Relation/Degree/Attribut/Tupel

Alle Daten einer Datenbank werden in sogenannten Relationen gespeichert. Als **Relation** (Tabelle) bezeichnet man eine logisch zusammenhängende Einheit von Informationen. Sie besteht aus einer festen Anzahl von **Attributen** (Spalten) und einer variablen Anzahl **Tupel** (Zeilen). Die Anzahl der Attribute einer Relation wird mit **Degree** (Ausdehnungsgrad) bezeichnet. Eine Relation mit nur einem Attribut wird **unär**, eine mit zwei Attributen **binär** genannt. Die Relation ARTIKEL hat den Degree 4, die Relation LIEFERANTEN den Degree 2. Eine Relation mit n Attributen wird n-ary genannt.

Mit **Cardinalität** bezeichnet man die Anzahl der Tupel in einer Relation. Diese ist zeitabhängig und kann auch gleich Null sein, wenn die Relation leer ist.

Eine Relation hat zusätzlich folgende Eigenschaften:

- Keine doppelten Tupel
  D.h. es gibt zu keinem Zeitpunkt zwei Tupel, deren Attributwerte den gleichen Inhalt haben.

- Tupelreihenfolge
  Die Reihenfolge, mit der die Tupel in einer Relation gespeichert sind, ist nicht definiert. Man darf sich also nie auf eine bestimmte Reihenfolge der Tupel in einer Relation verlassen!

- Attributreihenfolge
  Die Reihenfolge der Attribute in einer Relation ist nicht definiert. Es ist also nicht möglich, das n-te Attribut einer Relation anzusprechen. Man kann ein bestimmtes Attribut nur mit seinem Namen ansprechen.

- Attributwerte sind atomar
  Die Werte eines Attributes unterliegen einer Domäne. Da alle Elemente einer Domäne atomar sind, sind auch die Elemente eines Attributes atomar. Wenn eine Relation diese Eigenschaft hat, erfüllt sie die Bedingung der ersten Normalform (siehe Normalformen).

2.2.3 Candidate-Key

Eine Attributmenge wird **Candidate-Key** genannt, wenn alle Werte dieser Attributmenge **unique** (eindeutig) sind. Es existieren somit zu keinem Zeitpunkt zwei Werte eines Candidate-Keys mit gleichem Inhalt.

Ein Candidate-Key wird durch die Aufzählung eines oder mehrerer Attributnamen definiert. Er darf, um eindeutig zu sein, keine überflüßigen Attribute beinhalten. Sobald auch nur ein Attributname weggenommen wird, darf somit die Eindeutigkeit der Candidate-Key-Werte nicht mehr gegeben sein.

Eine Relation kann einen oder mehrere Candidate-Keys besitzen. Daß sie mindestens einen Candidate-Key besitzt, ist eine logische Schlußfolgerung aus der Tatsache, daß in einer Relation keine zwei gleichen Tupel existieren. Damit könnte in jeder Relation der Verbund aller Attribute ein Candidate-Key sein.

BÜCHERREGAL

Nr	Titel	Autor	ISBN
1	Einsicht ins Ich	Hofstadter	3-608-93038-8
2	Metamagicum	Hofstadter	3-608-93089-2
3	Gödel, Escher, Bach	Hofstadter	3-608-93037-X
4	Das Sein	Sartre	3-498060600
5	Der Pfahl im Fleische	Sartre	3-33499105268

Abb. 2.4 Relation mit mehreren Candidate-Keys

Diese Relation besitzt drei Candidate-Keys[2]:

- Nr
- Titel
- ISBN

So kann in dieser Relation das Buch »Das Sein« entweder mit der Nr »4«, oder mit dem Titel »Das Sein« oder mit der ISBN-Nr. »3-498060600« eindeutig identifiziert werden. Es ist allerdings zu beachten, daß die Definition der Candidate-Keys nur solange korrekt ist, solange nicht ein gleiches Buch in einer neuen Auflage gespeichert wird. Dann wäre zumindest das Attribut »Titel« nicht mehr unique und somit kein Candidate-Key.

2.2.4 Primary-Key, Alternate-Key, Foreign-Key

Jede Relation besitzt genau einen **Primary-Key** (**Primärschlüssel**), um ein Tupel der Relation eindeutig zu identifizieren. Er wird definiert, indem einer der Candidate-Keys zum »Primary-Key« erklärt oder ein neues Attribut speziell für diesen Zweck eingeführt wird (z.B. eine

---

[2] Alle Attribute zusammengenommen sind kein Candidate-Key, da Attribute herausgenommen werden können und die restlichen Attribute bleiben eindeutig.

26 Relationale Objekte

Nummer). Ein solcher Primary-Key darf keine Null-Werte (siehe Kapitel 2.3.1) enthalten. In der Relation BÜCHERREGAL ist dies der Candidate-Key »Nr«, in der Relation ARTIKEL ist es der Candidate-Key »ART_NR«. Dieser Primary-Key ist die »Adresse« des Tupels, was nicht bedeutet, daß ein Zugriff nur über ihn möglich sein soll. Der Primary-Key soll mindestens einen Zugriffspfad garantieren, mit dem exakt ein Tupel angesprochen werden kann. Mit Hilfe dieses Primary-Keys werden meist die Verknüpfungen (Joins) der Relationen in der Datenbank hergestellt.

```
SELECT  ART_BEZ, LIEF_NAME
  FROM  ARTIKEL A, LIEFERANTEN L
 WHERE  A.LIEF_NR = L.LIEF_NR
```

Durch die logische Verbindung der ARTIKEL-Relation mit der LIEFERANTEN-Relation über das Attribut LIEF_NR ist es möglich, eine Ergebnisrelation mit der Artikelbezeichnung und dem Lieferantennamen zu erzeugen.

ARTIKEL

ART_NR	ART_BEZ	ART_ART	LIEF_NR
1	Multisync II	Monitor	1
2	Multisync I	Monitor	2

LIEFERANTEN

LIEF_NR	LIEF_NAME
1	NEC
2	Audio Master

Abb. 2.5   Das Attribut LIEF_NR der Relation ARTIKEL dient als Foreign-Key für die Relation LIEFERANTEN

In der Relation ARTIKEL wurde ein **Foreign-Key (Fremdschlüssel)** definiert: LIEF_NR. Er wird Foreign-Key genannt, da seine Wertemenge (Domäne) in einer anderen Relation als Primary-Key definiert ist. Beide Attribute (oder Attributmengen, wenn der Key aus mehr als einem Attribut besteht) müssen der gleichen Domäne unterliegen.

Es ist wichtig, daß ein Datenbanksystem weiß, welche Attributmenge den Primary-Key definiert und welche Foreign-Keys existieren. Nur so kann das DBMS die referenzielle Integrität der Datenbank gewährleisten[3].

Aus Performancegründen[4] können zusätzlich beliebig viele Keys in einer Relation definiert werden. Diese werden dann **Alternate-Keys** oder auch **Secondary-Keys (Zweitschlüssel)** genannt.

2.3 Relationale Integritätsregeln

Einen entscheidenden Teil des Codd'schen Aufsatzes, in dem das relationale Modell vorgestellt wurde, bildet der Teil, der die Entity- und referenzielle **Integrität** der Datenbank garantiert. Integrität im Bezug auf eine Datenbank bedeutet, daß sie unversehrt ist, also keine widersprüchlichen Daten in ihr gespeichert sind.

Entity und referenzielle Integrität

Wie kann ein Datenbanksystem prüfen, ob die Daten korrekt sind? Ein DBMS kann unmöglich wissen, ob die Lieferantennummer 2 in der Relation ARTIKEL für die Artikelnummer 2 richtig ist. Aber es kann garantieren, daß alle Lieferantennummern in der Artikelrelation einen entsprechenden Eintrag in der Relation LIEFERANTEN besitzen.

ARTIKEL

ART_NR	ART_BEZ	ART_ART	LIEF_NR
1	Multisync II	Monitor	1
3	Herkules	Grafikkarte	1

LIEFERANTEN

LIEF_NR	LIEF_NAME
1	NEC

Abb. 2.6 Über Fremd-Schlüssel kann das DBMS die referenzielle Integrität gewährleisten

Um dies sicherzustellen ist es notwendig, daß die Lieferantenrelation einen eindeutigen Primary-Key besitzt, um damit jeden Lieferanten eindeutig identifizieren zu können. Denn es darf nur genau ein Tupel aus der Relation LIEFERANTEN zu einem Artikel gehören. Mit der

---

[3] Siehe auch Entity und referenzielle Integrität Kapitel 2.3.
[4] Performance = Arbeitsgeschwindigkeit eines DV-Systems

Information, daß das Attribut LIEF_NR in der Relation ARTIKEL ein Foreign-Key (Fremdschlüssel) zu der Relation LIEFERANTEN ist, kann das RDBMS auf Wunsch die referenzielle Integrität sicherstellen.

An dieser Stelle muß noch einmal darauf hingewiesen werden, daß die Verbindung der Relationen (hier über das Attribut LIEF_NR) nur eine rein logische Sicht auf die Daten ist und niemals physisch ausgeführt wird.

2.3.1 Entity-Integrität

Definition Wenn ein Attribut die Komponente eines Primary-Keys ist, dann darf dieses Attribut zu keinem Zeitpunkt einen NULL-Wert enthalten.

Mit der **Entity-Integrität** wird sichergestellt, daß jedes Tupel (Entity) in einer Relation einen eindeutigen Schlüssel besitzt. Da NULL-Werte nicht eindeutig sind (NULL ist nicht gleich NULL), sind solche Tupel nur dann durch den Primary-Key eindeutig adressierbar, wenn dieser keinen NULL-Wert enthält (siehe auch Kapitel 8 Regel 2: Garantierter Zugriff).

2.3.2 Referenzielle-Integrität

Durch die referenzielle Integrität wird sichergestellt, daß z.B. alle Kundennummern in der Relation BESTELLUNGEN auch in der Relation KUNDEN sind.

Definition Eine Relation R2 besitze einen Foreign-Key, der auf einen Primary-Key in einer Relation R1 verweist. Dann muß

a) jeder Wert des Foreign-Key in R2 gleich einem Wert des Primary-Key in R1 sein oder

b) der Wert des Foreign-Key ist ein NULL-Wert.

Die zwei Integritätsbedingungen sind so zu verstehen, daß eine Datenbank, in der sich kurzzeitig oder auf längere Zeit Daten befinden, die nicht den Integritätsregeln genügen, nicht den Anforderungen einer relationalen Datenbank entspricht.

Das DBMS und nicht das Anwendungsprogramm (auch nicht das Maskensystem oder Prüfprogramme, die in regelmäßigen Abständen laufen) hat dafür zu sorgen, daß die Integritätsbedingungen zu jeder Zeit erfüllt sind. Dies kann das DBMS durch Ablehnung aller nicht den Integritätsbedingungen entsprechenden Operationen sicherstellen.

Folgende Datenbankoperationen können die Integritätsbedingungen verletzen, da sie Daten verändern:

Operation	Auswirkung
INSERT	Tupel zufügen
UPDATE	Tupel ändern
DELETE	Tupel löschen

Die Relation ARTIKEL besitzt einen Foreign-Key LIEF_NR, der sich auf das Attribut LIEF_NR in der Relation LIEFERANTEN bezieht. Wie kann ein RDBMS mit diesem Wissen auf die folgenden SQL-Befehle reagieren?

```
INSERT INTO ARTIKEL VALUES (48,'Escom','Tastatur',21)
```

Abweisen, da die LIEF_NR 21 in der Relation LIEFERANTEN nicht existiert.

```
UPDATE ARTIKEL SET LIEF_NR = 21 WHERE ART_NR = 1
```

Aus dem gleichen Grund abweisen.

```
UPDATE LIEFERANTEN SET LIEF_NR = 21 WHERE LIEF_NR = 1
```

Hier müßten alle LIEF_NR 1 in der Relation ARTIKEL in den Wert 21 geändert werden, da es nach diesem Update eine LIEF_NR 1 in der Relation LIEFERANTEN nicht mehr geben kann. Das Attribut ist ein eindeutiger Key und ohne diese automatische Änderung ist die Integrität der Datenbank nicht mehr gewährleistet.

```
DELETE FROM ARTIKEL WHERE LIEF_NR = 1
```

Kein Problem.

```
DELETE FROM LIEFERANTEN WHERE LIEF_NR = 1
```

Wie das RDBMS hier reagieren soll, müßte bei der Foreign-Key-Definition der Relation ARTIKEL angegeben werden. Man unterscheidet:

a) In der Relation ARTIKEL werden alle Tupel mit der LIEF_NR 1 gelöscht. Dies kann zur Folge haben, daß auch Tupel in den Relationen gelöscht werden, die einen Foreign-Key besitzen, welcher in der Relation ARTIKEL der Primary-Key ist. Es kann also zum verschachtelten Löschen (**Cascades Delete**) führen.

b) Der Befehl wird abgewiesen (**Restricted Delete**).

c) In der Relation ARTIKEL werden alle LIEF_NR 1 in NULL geändert (**Nullifies Delete**).

2.4 Relationale Algebra

Ein weiteres Kapitel des relationalen Modells bei Codd befaßt sich mit dem datenmanipulierenden Teil. Es definiert nicht, wie manchmal irrtümlich angenommen, die Sprache SQL.

Durch das Anwenden der hier definierten Operatoren auf eine oder mehrere Relationen entsteht eine neue Relation, auf die durch Verschachtelung weitere Operatoren angewendet werden können. Die Tupel dieser Ergebnisrelation können durch Wertzuweisungen einer anderen Relation zugewiesen werden.

2.4.1 RESTRICTION

(Manchmal auch als **SELEKTION** bezeichnet.) Sie extrahiert aufgrund einer Bedingung Tupel aus einer Relation und darf nicht mit dem mächtigeren SQL-Befehl SELECT verwechselt werden.

Syntax   REST (relation, bedingung)

r1	
attr1	attr2
1	A
2	B
3	C

REST(r1, attr2='A')

attr1	attr2
1	A

2.4.2 PROJECTION

Die Projektion extrahiert Attribute aus einer Relation.

Syntax   PROJ(relation,<attr1,attr2,...attrn>)

r1	
attr1	attr2
1	A
2	B
3	C

PROJ(r1,<attr2>)

attr2
A
B
C

2.4.3 PRODUCT

Bildet das Kartesische Produkt aus zwei Relationen, indem es jedes Tupel der ersten Relation mit jedem Tupel der zweiten Relation kombiniert (es bildet also jede Kombinationsmöglichkeit der beiden Relationen).

Syntax   PRODUCT(relation1,relation2)

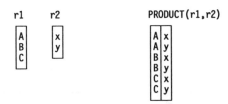

2.4.4 UNION

Erweitert die Menge der Tupel der ersten Relation um die Menge der Tupel der zweiten Relation (Vereinigungsmenge)[5]. Die Verknüpfung zweier Relationen mit UNION ist nur erlaubt, wenn beide Relationen den gleichen Degree besitzen und jedes Attribut der ersten Relation kompatibel ist mit dem korrespondierenden Attribut der zweiten Relation. Wenn diese Voraussetzung erfüllt ist, sind diese zwei Relationen »UNION-kompatibel«.

Syntax   UNION(relation1,relation2)

r1	r2	UNION(r1,r2)
A	D	A
B	E	B
C		C
		D
		E

---

[5] Der Operator UNION der relationalen Algebra unterscheidet sich leicht von dem SQL-UNION. So gilt für das UNION in SQL, durch die Erweiterungsmöglichkeit von UNION ALL, das Assoziativgesetz nicht. In der relationalen Algebra ist (r1 UNION r2) UNION r3 = r1 UNION (r2 UNION r3), doch in SQL ist (r1 UNION ALL r2) UNION ALL r3 <> r1 UNION ALL (r2 UNION ALL r3).

2.4.5 INTERSECTION

Ermittelt gleiche Tupel aus zwei Relationen (Schnittmenge). Die Relationen müssen UNION-kompatibel zueinander sein.

Syntax INTERSECTION(relation1,relation2)

```
r1      r2          INTERSECTION(r1,r2)
A       A           A
B       D
C
```

2.4.6 DIFFERENCE

Bildet eine Relation, die alle Tupel der ersten Relation abzüglich der Tupel der zweiten Relation enthält. Auch bei der DIFFERENCE müssen die Relationen UNION-kompatibel zueinander sein.

Syntax DIFFERENCE(relation1,relation2)

```
r1      r2          DIFFERENCE(r1,r2)
A       A           B
B       D           C
C
```

2.4.7 JOIN

Der Join verbindet zwei Relationen ähnlich wie das kartesische Produkt. Allerdings nur für solche Tupel, in der zwei bestimmte Attributwerte in einer gewissen Beziehung zueinander stehen.

Normalerweise ist mit »Join« der natürliche Join gemeint.

Hier z.B. ein natürlicher JOIN der Relationen r1 und r2 über die Attribute a2 und a4:

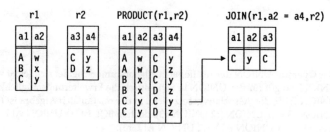

Kapitel 2 Relationale Grundlagen

Folgende Regeln gelten für JOIN's:

- Die Attribute, über die der Join ausgeführt wird (Join-Attribute), müssen keine Keys sein.
- Die Join-Attribute der beiden betroffenen Relationen müssen nicht den gleichen Namen haben.
- Jede Relation kann mit jeder anderen gejoint werden (auch mit sich selbst).

Im folgenden werden äquivalente Algebraausdrücke der einzelnen Join-Arten gezeigt, wobei r1 = r1(attr1,...,attrn) und r2 = r2(attr1,...,attrm) zwei Relationen sind und über r1.attr1 und r2.attr1 gejoint wird.

THETA-JOIN

Die allgemeinste Form des JOIN wird Theta-Join genannt. Die Beziehung, der ein JOIN-Attribut unterliegen muß, wird mit θ (Theta) bezeichnet und stellt eine der Vergleichsoperatoren =, >, <, <>, >=, <= dar.

```
PROJ( REST( PRODUCT(r1,r2), r1.attr1 θ r2.attr1),
      <r1.attr1,...r1.attrn,r2.attr1,...r2.attrm> )
```

wobei θ Element aus =, <, >, <>, >=, <= ist.

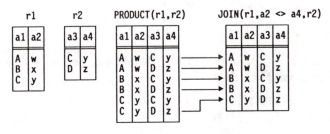

EQUI-JOIN

Ein Theta-Join mit dem Vergleichsoperator »=« wird Equi-Join genannt, wobei auch hier wie bei allen Theta-Joins die Ergebnisrelation beide Join-Attribute beinhaltet.

```
PROJ( REST( PRODUCT(r1,r2), r1.attr1 = r2.attr1),
      <r1.attr1,...r1.attrn,r2.attr1,...r2.attrm> )
```

34 Relationale Algebra

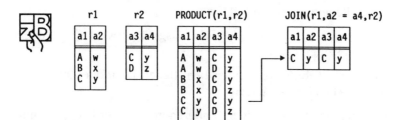

NATURAL-JOIN

Ein Equi-Join, dessen Ergebnisrelation die beiden gleichen Attributwerte nur einmal beinhaltet, heißt **natürlicher Join**.

```
PROJ( REST( PRODUCT(r1,r2), r1.attr1 = r2.attr1),
      <r1.attr1,...r1.attrn, r2.attr2,...r2.attrm> )
```

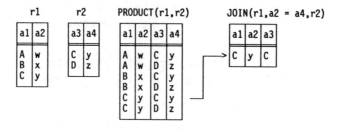

AUTO-JOIN

Der AUTO-JOIN, auch SELF-JOIN genannt, ist eine Verknüpfung einer Relation mit sich selbst.

```
REST( PRODUCT(r1,r1), r1.attr1 = r1.attr2)
oder in SQL:  SELECT *
              FROM   r1 l1, r1 l2
              WHERE  l1.attr1 = l2.attr2
```

INNER-JOIN, OUTER-JOIN

Der »normale« Join erzeugt nur Tupel in der Ergebnisrelation, wenn der Attributwert der ersten Relation in der zweiten Relation vorkommt.

Dieser Join wird auch **INNER-JOIN** genannt:

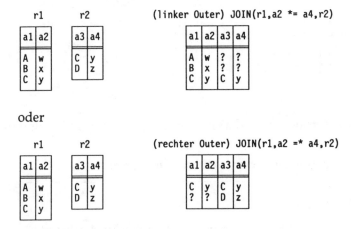

Im Gegensatz dazu erzeugt der **Outer-Join** in der Ergebnisrelation zumindest alle Tupel einer der beiden Relationen:

r1	r2	(linker Outer) JOIN(r1,a2 *= a4,r2)

a1	a2
A	w
B	x
C	y

a3	a4
C	y
D	z

a1	a2	a3	a4
A	w	?	?
B	x	?	?
C	y	C	y

oder

r1	r2	(rechter Outer) JOIN(r1,a2 =* a4,r2)

a1	a2
A	w
B	x
C	y

a3	a4
C	y
D	z

a1	a2	a3	a4
C	y	C	y
?	?	D	z

Der Stern links bzw. rechts neben dem »=« zeigt an, ob die linke oder die rechte Relation die »Outer«-Relation sein soll. Für die nichtdefinierten Werte der Inner-Relation werden NULL-Werte (hier mit ? gekennzeichnet) in die Ergebnisrelation eingetragen.

Obwohl der Outer-Join in der Praxis oft benötigt wird, ist er im ANSI-SQL nicht definiert.

Da der Outer-Join auch für den allgemeinen Theta-Join seine Gültigkeit hat, würde eine vollständige Definition des Outer-Join den Rahmen dieses Buches sprengen.[6]

---

[6] Für interessierte Leser empfehle ich [Date 86-1].

36 Relationale Algebra

2.4.8 DIVISION

Die relationale Division ist ähnlich der arithmetischen Division. Sie wird durchgeführt mit zwei Relationen r1 und r2. Das Ergebnis der Division von r1/r2 ist eine Relation, die aus genau den Tupeln von r1 besteht, für die die zugehörige Wertemenge eines anderen Attributes von r1 alle Werte der Relation r2 enthält. Die Ergebnisrelation enthält alle Attribute von r1 außer dem Attribut, durch das dividiert wird.

Syntax   DIVISION(relation1,attr1,relation2)

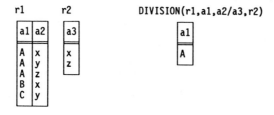

Die Attribute a2 und a3 müssen der gleichen Domäne unterliegen.

2.4.9 Anwendungsbeispiele der relationalen Algebra

1. Beispiel

Aufgabe   Welche Artikel werden vom Lieferanten Nr. 4 geliefert?

Lösung   Mit folgender Restriktion

   REST(ARTIKEL,LIEF_NR = 4)

erhält man eine Relation mit dem gleichen Aufbau wie ARTIKEL, allerdings mit nur 4 Tupeln:

ART_NR	ART_BEZ	ART_ART	LIEF_NR
6	P6 +	Drucker	4
7	P7 +	Drucker	4
8	Laser Printer	Drucker	4

Kapitel 2 Relationale Grundlagen 37

Durch eine Projektion auf das Attribut ART_BEZ erhalten wir das gewünschte Ergebnis:

PROJ(REST(ARTIKEL,LIEF_NR = 4), <ART_BEZ>)

ART_BEZ
P6 +
P7 +
Laser Printer

2. Beispiel:

Aufgabe   Welche Lieferanten liefern einen Monitor?

Lösung   Diese Frage kann nur beantwortet werden, wenn die Relation ARTIKEL mit der Relation LIEFERANTEN verbunden wird:

JOIN(ARTIKEL, LIEF_NR = LIEF_NR, LIEFERANTEN)

oder

REST(PRODUCT(ARTIKEL,LIEFERANTEN),LIEF_NR = LIEF_NR),

Folgende Zwischenrelation ergibt sich:

ART_NR	ART_BEZ	ART_ART	LIEF_NR	LIEF_NAME
1	Multisync II	Monitor	1	NEC
2	Multisync I	Monitor	2	Audio Master
3	Herkules	Grafikkarte	1	NEC
4	Thomson	Monitor	3	Thomson
5	Flat 14"	Monitor	2	Audio Master
6	P6 +	Drucker	4	Easyprint
7	P7 +	Drucker	4	Easyprint
8	Laser Printer	Drucker	4	Easyprint

Die anschließende Restriktion auf ART_ART = 'Monitor' und die Projektion auf LIEF_NAME ergibt folgende Ergebnisrelation:

38 Relationale Algebra

Hier der komplette Algebraausdruck:

```
Proj(
    REST(
        JOIN(ARTIKEL, LIEF_NR = LIEF_NR, LIEFERANTEN),
                    ART_ART = 'Monitor'
    ) <LIEF_NAME>
)
```

2.4.10 Degree – und Kardinalitätsveränderungen durch relationale Operatoren

Der aufmerksame Leser wird in der Ergebnisrelation des letzten Beispiels die Firma 'Audio Master' zweimal erwartet haben. Da es allerdings definitionsgemäß keine doppelten Tupel in einer Relation gibt, eliminiert jeder Operator die doppelten Tupel aus der Ergebnisrelation.

So kann man wie folgt Degree (Attributanzahl) und Kardinalität (Tupelanzahl) für die Ergebnisrelation in Beziehung zu den Eingangsrelationen angeben:

	Degree	Cardinalität
Restriction	=deg(r1)	<=card(r1)
Projection	<=deg(r1)	<=card(r1)
Product	=deg(r1)+deg(r2)	=card(r1)*card(r2)
Union	=deg(r1) = deg(r2)	<=card(r1)+card(r2)
Intersection	=deg(r1) = deg(r2)	<=min(card(r1),card(r2))
Difference	=deg(r1) = deg(r2)	>=max(card(r1)-card(r2),0)
Theta-Join	=deg(r1)+deg(r2)	<=card(r1)*card(r2)
Division	=deg(r1) - 1	<=card(r1)

Abb. 2.7   Degree und Cardinalitätsveränderungen der rel. Operatoren

Wie aus dieser Tabelle zu sehen ist, haben vor allem die Operatoren Product und Join eine starke Vermehrung der Tupel zur Folge. Dies ist bei der Ausführung eines Algebraausdrucks besonders störend, da es die Ausführungszeit und den benötigten temporären Speicherplatz nachteilig beeinflußt (siehe Kapitel 4.4).

3

Einführung in SQL

- Etwas SQL-Geschichte
- Der SQL-Markt
- Einführung
- DDL Daten-Definitions-Anweisungen
- DML Daten-Manipulations-Anweisungen
- SQL-Kritik

Wie in Kapitel 2 beschrieben, ist es möglich, mit Hilfe der relationalen Algebra Daten auszuwerten. Es gibt allerdings kein kommerzielles DBMS, welches eine solche Programmschnittstelle vorsieht. Warum findet diese Algebra in der Praxis keine direkte Verwendung? Dafür gibt es mehrere Gründe:

- Der Sprachumfang, wie er von E.F. Codd definiert wurde, ist mathematisch vollständig. Für den praktischen Gebrauch fehlen jedoch wichtige Operatoren (z.B. statistische Operatoren wie Summe, Min, Max, Mittelwert oder Gruppenfunktionen).
- Die relationale Algebra ist **prozedural**, d.h *wie* ein gewünschtes Ergebnis erreicht wird, muß der Anwender selbst formulieren. In der Praxis ist dies sehr schwierig. Der Programmierer muß sich bei der Formulierung auch über die internen Abläufe im klaren sein, um den Befehl optimal zu formulieren.

So ging von Anfang an die Tendenz der relationalen Sprachen in Richtung **nicht-prozedural**. Dies sind »Programmiersprachen«, die nur noch ausdrücken, wie ein gewünschtes Ergebnis aussehen soll, und nicht, wie der Rechner zu diesem Ergebnis kommt. Diese Art von Sprachen werden zu den Programmiersprachen der vierten Generation (4GL)[1] gezählt (im Gegensatz zu 3GL-Sprachen wie Modula-2, Pascal, ADA, COBOL, BASIC, Fortran usw).

Eine nicht-prozedurale Alternative zur prozeduralen relationalen Algebra ist das **relationale Kalkül** [Codd 72-1]. Eine Implementierung dieses relationalen Kalküls ist die Erweiterung der Programmiersprache PASCAL um eine neue Datenstruktur RELATION in **PASCAL/R** [Schmidt 80] der Universität Hamburg. Später wurde dann Modula-2 im LIDAS Projekt der ETH Zürich um relationale Strukturen und Anweisungen in Form des relationalen Kalküls erweitert. Die dadurch entstandene neue Sprache heißt **MODULA/R** [LIDAS 83].

Trotz der Vorteile, die eine solche Spracherweiterung bietet (z.B. Realisierung des Domain-Konzeptes des relationalen Modells durch das TYPE-Konzept dieser Sprachen), konnten sich bis jetzt weder PASCAL/R noch MODULA/R im kommerziellen Bereich durchsetzen.

Die derzeit verbreiteteste Sprache für relationale Datenbanken ist, trotz aller Kritik, die an ihr geübt wird, unbestritten SQL. Auch in Zukunft wird diese Sprache keine Konkurenz bekommen, was sich aus der Tat-

---

[1] Abkürzung: 4GL = 4th Generation Language

sache ableiten läßt, daß mittlerweile alle Hersteller relationaler Datenbanken ihr System auf diese Sprache umgestellt haben.

3.1 Etwas SQL-Geschichte

Anfang der siebziger Jahre wurde in den IBM Forschungslaboratorien in San Jose, Kalifornien, ein Forschungsprojekt begonnen, das sich »System R« nannte. Es sollte die Praktizierbarkeit der relationalen Theorien untersuchen. Innerhalb dieses Projektes wurde eine Sprache namens SQUARE definiert, die jedoch von der Syntax zu mathematisch orientiert war.

Von den IBM-Mitarbeitern R.F. Boyce und D.D. Chamberlain wurde die Sprache SEQUEL (sprich: siequel) entwickelt, die später in SQL umbenannt wurde. Man lehnte hierbei die Syntax mehr an Begriffe der englischen Umgangssprache wie z.B. SELECT, FROM, WHERE an. Diese ersten Gehversuche von SQL waren jedoch in der Praxis unbrauchbar, da die Sprache nur **eine** Tabelle verarbeiten konnte (also keinen Join kannte). Außerdem war sie nur für Single-User (also nicht für den Parallelbetrieb) geeignet. Dieses Projekt wurde jedoch als so vielversprechend betrachtet, daß man daraus weitere Produkte entwickelte, die der System-R-Technologie entsprachen.

Mittlerweile sind diese Produkte auf dem Markt unter den Namen **DB2** und **SQL/DS** eingeführt. DB2 ist das Datenbanksystem für die IBM-Betriebssysteme MVS/370 und MVS/XA. SQL/DS ist unter den Betriebssystemen VM/CMS und DOS/VSE verfügbar. Für beide Datenbanksysteme wurde eine benutzerfreundliche Oberfläche entwickelt, die sich **QMF** nennt.

Seit dieser Zeit wurden von fast allen DB-Herstellern SQL-Schnittstellen zu ihren relationalen und nichtrelationalen Datenbanksystemen entwickelt. Da nun auch eine ANSI-Definition der Sprache SQL (ohne embedded SQL, also ohne die Einbindung von SQL in eine 3GL-Sprache) vorliegt, ist zu erwarten, daß SQL die Sprache für alle zukünftigen relationalen Datenbanksysteme werden wird.

3.2 Der SQL-Markt

Die heute verfügbaren Datenbanksysteme, die eine SQL-Schnittstelle anbieten, müssen in zwei Klassen unterteilt werden. Zum einen gibt es die Hardwarehersteller, die ein eigenes, speziell auf ihre Hardware und ihr Betriebssystem abgestimmtes Datenbanksystem vertreiben, zum anderen gibt es reine Softwarehersteller, die sich auf die Entwicklung von Datenbanken spezialisiert haben und das von ihnen entwickelte Datenbanksystem auf verschiedene Hardware portieren.

Hier eine unvollständige Liste der verbreitesten SQL-Produkte (alphabetisch geordnet):

IBM Mainframe

Produkt	Vertreiber
ADABAS[2]	Software AG
CA-UNIVERSE	Computer Associates
DB2	IBM
IDMS/R	Cullinet
INGRES	Relational Technology
ORACLE	ORACLE
SQL/DS	IBM
SUPRA	Cincom Systems

DEC VMS

Produkt	Vertreiber
IDMS/SQL	Cullinet
INFORMIX	Informix
INGRES	RTI
ORACLE	ORACLE
Rdb	DEC
SUPRA/ULTRA	CINCOM
SYBASE	SYBASE

UNIX

Produkt	Vertreiber
INFORMIX	INFORMIX
INGRES	INGRES
ORACLE	ORACLE
SYBASE	SYBASE
UNIFY	UNIFY

PC-Produkte

Produkt	Vertreiber
INFORMIX	INFORMIX
INGRES	INGRES
ORACLE	ORACLE
OS2/E DM	IBM
QUINT/SQL	QUINT Database Systems
SQLBASE	GUPTA Techn.
SQL SERVER	Microsoft/Ashton Tate
XDB	Software Systems Techn

Abb. 3.1   Die verbreitetsten SQL-Produkte

Weitere Produkte, die für spezielle Hardware (z.B. Datenbankrechner) entwickelt wurden, werden in Kapitel 4.5 behandelt.

---

[2] ADABAS ist nicht relational. SQL ist nur als Datenbankzugriffssprache von einem 3GL Programm heraus (embedded) verfügbar.

3.3 Einführung

Seit kurzem gibt es einen ANSI-Standard für SQL, der in [Date 87-1] sehr ausführlich beschrieben ist. Da allerdings die bestehenden SQL-Implementierungen schon vor Jahren begonnen wurden, sind die einzelnen heute verfügbaren Produkte sehr unterschiedlich. Die meisten Datenbanksysteme bieten allerdings mehr, als es die ANSI-Norm vorschreibt. In diesem Kapitel wird kein konkretes Datenbanksystem behandelt, sondern die Syntax der einzelnen SQL-Befehle auf diesen ANSI-Standard bezogen.

In den nachfolgenden Abschnitten werden die wichtigsten Befehle der Sprache SQL vorgestellt. Dieses Kapitel ist nur eine Einführung in SQL und erhebt nicht den Anspruch darauf, ein SQL-Lehrbuch zu sein. Empfehlenswerte SQL-Lehrbücher sind z.B. [SQL 86] oder [SQL 87].

Da sich einige Begriffe des relationalen Modells von den SQL-Begriffen unterscheiden, werden in diesem Kapitel abweichend zum vorherigen Kapitel folgende Begriffe verwendet:

Relationales Modell	SQL-Sprachgebrauch
Relation	Tabelle
Tupel	Satz, Zeile
Attribut	Spalte

Abb. 3.2   Gegenüberstellung der Begriffe des relationalen Modells und SQL

Ein SQL-Beispiel:

Die meisten Datenbanksysteme besitzen eine interaktive Benutzerschnittstelle[3]. Mit ihr ist es auf einfache Art möglich, SQL-Befehle zu testen.

Mit der Anweisung

```
CREATE TABLE ARTIKEL
       (ART_NR          SMALLINT,
        ART_BEZ         CHAR(13),
        ART_ART         CHAR(11),
        LIEF_NR         SMALLINT )
```

---

[3] Z.B. SPUFI in DB2, ISQL in INGRES oder SQL+ in ORACLE.

wird eine leere Tabelle mit folgendem Aufbau definiert:

ARTIKEL

ART_NR	ART_BEZ	ART_ART	LIEF_NR

Mit dem INSERT-Befehl ist es möglich, Daten in eine Tabelle einzufügen:

```
INSERT INTO ARTIKEL
          VALUES (1, 'Multisync II', 'Monitor', 1)
INSERT INTO ARTIKEL
          VALUES (2, 'Multisync I', 'Monitor', 2)
```

ARTIKEL

ART_NR	ART_BEZ	ART_ART	LIEF_NR
1	Multisync II	Monitor	1
2	Multisync I	Monitor	2

Mit dem SELECT-Befehl werden Daten aus einer oder mehreren Tabellen selektiert:

```
SELECT ART_BEZ, ART_ART
  FROM ARTIKEL
  WHERE LIEF_NR = 2
```

Ergebnis:

ART_BEZ	ART_ART
Multisync I	Monitor

3.3.1 SQL – Befehlsübersicht

In der Praxis unterscheidet man sowohl bei den hierarchischen (z.B. IMS von IBM), den Netzwerk- (z.B. IDMS von Cullinet) als auch bei den relationalen Datenbanksystemen zwei Gruppen von Datenbankanweisungen:

DDL Data Definition Language (Daten-Definitions-Sprache)
Dazu zählen alle Datenbankanweisungen, mit denen die logische Struktur der Datenbank bzw. der Tabellen der Datenbank beschrieben bzw. verändert wird. Hierzu gehören folgende Befehle:

CREATE TABLE: neue Basis-Tabelle erstellen
CREATE VIEW: Definieren einer logischen Tabelle
GRANT: Benutzer-Berechtigungen vergeben.

DML Data Manipulation Language (Daten-Manipulations-Sprache)
Dazu zählen alle Anweisungen an das Datenbanksystem, die dazu dienen, die Daten zu verarbeiten. Hierzu gehören folgende Befehle:

SELECT: Daten aus der Datenbank lesen
DELETE: Zeilen einer Tabelle löschen
UPDATE: Zeilen einer Tabelle ändern
INSERT: Zeilen in einer Tabelle zufügen.

Bei den hierarchischen und den Netzwerk-Datenbanken ist der Sprachumfang der DDL und DML relativ groß. Es bedarf, selbst bei der Erstellung einfacher Anwendungen, eines relativ großen Aufwands, bis die dazugehörige Datenbank definiert und die DML-Programme geschrieben und getestet sind.

Die Sprache SQL dagegen besteht aus nur wenigen einfachen Befehlen, die sowohl den DDL- als auch den DML-Teil abdecken.

3.3.2 EBNF als Hilfsmittel zur Sprachbeschreibung

Um die Sprache SQL exakt zu definieren, werden im folgenden die Beschreibungssymbole der Erweiterten-Backus-Naur-Form (EBNF) verwendet. Die EBNF verwendet folgende Symbole:

Reservierte Wörter
werden groß geschrieben: SELECT, FROM, UPDATE

Alternativentrennung: | [+ | −] Konstante

Optionalsymbol: [ ]
(Inhalt kann auch wegfallen)   SELECT [ALL] ...

Wiederholungssymbol: { }
(0 oder mehrmals)   FROM tabelle { , tabelle }

3.4 DDL Daten-Definitions-Anweisungen

3.4.1 CREATE TABLE – Tabellen erstellen

Mit dem **CREATE TABLE**-Befehl wird eine neue (leere) Tabelle definiert und angelegt. In SQL werden zwei Arten von Tabellen unterschieden:

- Die **Basis-Tabelle** ist eine Tabelle, die physisch, in der Regel auf einer Magnetplatte, Daten aufnimmt.
- Die **VIEW** ist eine logische Tabelle (siehe 2.4.3), die nur eine logische Sicht auf eine oder mehrere physische Tabellen darstellt.

Mit dem Befehl CREATE TABLE wird eine neue Basis-Tabelle definiert, mit CREATE VIEW (Kapitel 3.4.3) wird eine VIEW definiert.

CREATE TABLE (SQL-Standard)

```
create-table  ::=  CREATE TABLE basis-tabellen-name
                      ( spalten-def { , spalten-def } )

spalten-def   ::=  spalten-name daten-typ [ NOT NULL ]

daten-typ     ::=  CHARACTER [ ( länge ) ]
                  | NUMERIC   [ ( precision [,scale ] ) ]
                  | DECIMAL   [ ( precision [,scale ] ) ]
                  | INTEGER
                  | SMALLINT
                  | FLOAT [ ( precision ) ]
                  | REAL
                  | DOUBLE PRECISION
```

Abb. 3.3   Syntax der CREATE TABLE-Anweisung

precision: Ganze Zahl größer 0, die anzeigt, wieviele Ziffern die Zahl beinhalten soll.

scale: Ganze Zahl größer 0 und kleiner precision, die die Anzahl der Nachkommastellen angibt.

```
CREATE TABLE ARTIKEL
       (ART_NR          SMALLINT NOT NULL,
        ART_BEZ         CHARACTER(13),
        ART_ART         CHARACTER(11),
        LIEF_NR         SMALLINT )
```

SQL-Datentypen

Wie in allen anderen Programmiersprachen gibt es auch in SQL verschiedene Datentypen. Warum das ANSI-Standard-Komitee nur diese

48 DDL Daten-Definitions-Anweisungen

wenigen Datentypen (die in der Praxis meist nicht ausreichen) in ihre Definition aufgenommen hat, wird damit begründet, daß alle diese Datentypen mit den verbreitetsten 3GL-Sprachen wie FORTRAN, COBOL und PL/1 kompatibel sind. Die meisten Datenbanksysteme stellen allerdings weitere nützliche Datentypen zur Verfügung.

Hier eine Übersicht der SQL-Datenbanksysteme DB2, ORACLE und INGRES mit ihren Datentypen:

	DB2	ORACLE	INGRES
INTEGER 8 Bit			x
INTEGER 16 Bit	x	x	x
INTEGER 32 Bit	x	x	x
DECIMAL	x	x	
REAL 32 Bit			x
REAL 64 Bit	x		x
REAL 128 Bit			
CHAR(n)	max 254	max 254	max 2000
VARCHAR(n)	x	x	max 2000
MONEY			x
DATE		x	x
TIME			x

Abb. 3.4 *Die unterstützten Datentypen von DB2, ORACLE und INGRES*

Beim erstmaligen Erstellen einer Datenbank werden automatisch eine Reihe von Tabellen vom DBMS aufgebaut: die sogenannten **Systemtabellen**. Welche Systemtabellen es gibt und was in ihnen festgehalten wird, ist in jedem Datenbanksystem unterschiedlich[4]. Von einem relationalen Datenbanksystem wird allerdings gefordert, daß es möglich sein muß, die Systemtabellen mit der eigenen Datenbanksprache (z.B. SQL) zu verarbeiten. Der CREATE TABLE-Befehl hält die Struktur der neuen Tabelle in diesen Systemtabellen fest.

3.4.2 GRANT – Benutzer berechtigen

Mit Hilfe des **GRANT**-Befehls werden die Daten vor unberechtigtem Zugriff geschützt.

Jedem Datenbanksystem sind eine Menge von Benutzern bekannt. Ein Benutzer identifiziert sich beim Anmelden (LOGON) an den Rechner mit einem Namen und einem Passwort. Manche DBMS fordern ein zweites Anmelden beim Benutzen des DBMS (ORACLE). Somit weiß das DBMS – unabhängig davon, ob ein solches zweites LOGON

---

[4] Zur Zeit sind jedoch auch bezüglich der Systemtabellen einige Normungsbestrebungen im Gange.

Kapitel 3 Einführung in SQL 49

durchgeführt wurde – zu jedem Zeitpunkt, wer einen bestimmten DB-Befehl abgesetzt hat und kann prüfen, ob dieser Anwender zu diesem Befehl berechtigt ist.

Gerade was das Konzept des Datenschutzes betrifft, gibt es bei den einzelnen DB-Systemen gravierende Unterschiede. Allerdings richtet sich kein DBMS bezüglich des Datenschutzes nach dem SQL-Standard.

Im SQL-Standard wird keine Benutzererlaubnis benötigt, um eine Datenbank (Schema) oder eine Basistabelle zu kreieren. Beim Kreieren einer VIEW wird für alle in der VIEW benutzten Basistabellen eine SELECT-Berechtigung benötigt.

Der GRANT-Befehl hat folgenden Aufbau:

GRANT:

```
grant-anweisung  ::=
         GRANT privileg ON tabelle TO
               benutzername { , benutzername }
             | PUBLIC
             [ WITH GRANT OPTION ]

privileg  ::=  ALL [ PRIVILEGES ]
             | operation { , operation }

operation ::= SELECT | INSERT | DELETE |
              UPDATE [ ( spaltenname {, spaltenname } ) ]
```

Abb. 3.5 *Syntax der GRANT-Anweisung*

Wurde anstelle von Benutzernamen **PUBLIC** aufgeführt, dann gelten die Privilegien für alle dem System bekannten Benutzer.

WITH GRANT OPTION räumt dem Benutzer das Recht ein, seine eigene Berechtigung an andere Benutzer weiterzugeben.

Beispiel 1

Mit diesem GRANT dürfen alle dem DBMS bekannten Benutzer die Tabelle ARTIKEL lesen und jegliche Art von Veränderungen in ihr vornehmen:

```
GRANT  ALL
ON     ARTIKEL
TO     PUBLIC
```

50 DDL Daten-Definitions-Anweisungen

Beispiel 2

Dieser GRANT berechtigt den Benutzer HERMANN, die ganze Tabelle ARTIKEL zu lesen und die Spalten ART_BEZ, ART_ART und LIEF_NR zu ändern:

```
GRANT   UPDATE (ART_BEZ, ART_ART, LIEF_NR), SELECT
ON      ARTIKEL
TO      HERMANN
```

3.4.3 CREATE VIEW – Definieren einer logischen Tabelle

Unter einer VIEW (Sicht) versteht man eine logische Sicht auf eine oder mehrere physische Basistabellen, die mit CREATE TABLE angelegt wurden.

Über folgende Basistabelle

KUNDEN

KNR	KNAME	KSTRAßE	KHSNR	KPLZ	KORT
1	FAMA	Goethestr	19	6070	Langen
2	GSA	Hoenbergstr	2a	6370	Oberursel
3	Klöckner	Paradiesweg	7	2080	Pinneberg
4	RADOVAN	Im Sand	45	1000	Berlin
5	Göhler	Schmalweg	11	6900	Heidelberg

soll eine VIEW definiert werden, die alle Kundennamen und Kunden-Postleitzahlen im PLZ-Gebiet 6 enthält. Mit

```
CREATE  VIEW KUNDEN6 (KNAME, KPLZ)
    AS  SELECT KNAME, KPLZ
   FROM  KUNDEN
  WHERE  KPLZ LIKE '6%'
```

wird folgende logische Tabelle definiert:

KUNDEN

KNR	KNAME	KSTRAßE	KHSNR	KPLZ	KORT
1	FAMA	Goethestr	19	6070	Langen
2	GSA	Hoenbergstr	2a	6370	Oberursel
3	Klöckner	Paradiesweg	7	2080	Pinneberg
4	RADOVAN	Im Sand	45	1000	Berlin
5	Göhler	Schmalweg	11	6900	Heidelberg

===>

KUNDEN6

KNAME	KPLZ
FAMA	6070
GSA	6370
Göhler	6900

Abb. 3.6   VIEW über die Tabelle KUNDEN

Bei der Definition einer VIEW werden

- **nur** VIEW-Definitionsparameter in einer SYSTEM-Tabelle abgelegt,
- **keine** Datenbankoperationen ausgeführt,
- **keine** physischen Tabellen erzeugt.

Erst beim Zugriff auf eine VIEW (durch einen SELECT-, DELETE- oder UPDATE-Befehl) wird der jeweilige Befehl um die VIEW-Definition erweitert (VIEW-Auflösung):

Ursprünglicher SELECT	Vom DBMS erzeugter SELECT
SELECT KNAME FROM KUNDEN6 WHERE KNAME LIKE 'G%'	SELECT KNAME FROM KUNDEN WHERE KNAME LIKE 'G%' AND KPLZ LIKE '6%'

Abb. 3.7 Auflösung einer VIEW bei der Ausführung eines SELECTs

Hier die vollständige Syntax des CREATE VIEW Befehls:

CREATE VIEW

```
CREATE VIEW viewname [ ( spaltenname {, spaltenname } ) ]
        AS select-spezifikation
           [ WITH CHECK OPTION ]
```

Abb. 3.8 Syntax der CREATE-VIEW-Anweisung

Mit WITH CHECK OPTION wird bei allen datenverändernden Befehlen, die diese VIEW benutzen, geprüft, ob die Daten noch über die VIEW erreichbar sind.

So wird z.B.

```
UPDATE KUNDEN6
SET    KPLZ = '5000'
```

abgewiesen, da er Datensätze in der Art verändert, daß sie nicht mehr zur VIEW gehören.

3.4.3.1 Einschränkungen bei der Definition von VIEWs

Der SELECT-Befehl in der VIEW-Definition unterliegt einigen wenigen Restriktionen. So darf in ihm kein UNION benutzt werden; eine nicht sofort einsichtige Einschränkung.

Eine weitere Einschränkung gibt es bezüglich der Verwendung von GROUP BY und HAVING in der VIEW-Definition. Diese ist allerdings nicht allgemeingültig definiert und somit aus den Unterlagen des jeweiligen DBMS-Handbuchs zu entnehmen.

3.4.3.2 Einschränkungen bezüglich Updates auf VIEWs

Betrachten wir folgende VIEW-Definition:

```
CREATE VIEW SUM (S3)
       AS  SELECT S1 + S2
           FROM   TAB1
```

TAB1	
S1	S2
2	3
4	7
3	11
0	2

SUM
S3
5
11
14
2

und folgende SQL-Befehle:

```
UPDATE SUM           INSERT INTO  SUM(S3)
   SET S3 = 10           VALUES   (10)
```

Bei beiden Operationen ist es nicht eindeutig, welche Daten in die unter der VIEW liegende Basistabelle (und in welche Spalte) geschrieben werden sollen.

Standard-SQL läßt jedoch nicht unbedingt bei jeder theoretisch veränderbaren VIEW[5] einen UPDATE zu.

In Standard-SQL sind Daten in einer VIEW veränderbar, wenn die SELECT-Spezifikation in der VIEW-Definition

1. nicht das Schlüsselwort DISTINCT enthält,

2. der Spalten-Ausdruck nur einfache Spaltennamen, also keine arithmetischen Ausdrücke wie S1 + 4 oder eine Funktion wie AVG(S1) enthält,

3. in der FROM-Komponente nur einen UPDATE-baren Tabellennamen beinhaltet,

4. die WHERE-Bedingung keine Unterabfrage besitzt,

---

[5] Wird ausführlich in [DATE 86-1], [CODD 87] und [CODD 90] behandelt.

5. keine GROUP-BY- und keine HAVING-Komponente enthält.

VIEW-Beispiel:

Für die beiden folgenden Basistabellen soll eine VIEW erstellt werden, die den Kundennamen, die bestellte Artikelnummer und die Mengen beinhaltet.

Basistabellen:

BESTELLUNGEN

KNR	ART_NR	MENGE
1	3	3
4	2	2
3	8	1
3	3	1

KUNDEN

KNR	KNAME	KSTRAßE	KHSNR	KPLZ	KORT
1	FAMA	Goethestr	19	6070	Langen
3	Klöckner	Paradiesweg	7	2080	Pinneberg
4	RADOVAN	Im Sand	45	1000	Berlin
5	Göhler	Schmalweg	11	6900	Heidelberg

```
Mit  CREATE VIEW BESTELLLISTE ( KNAME, ART_NR, MENGE)
     AS SELECT KNAME, ART_NR, MENGE
     FROM BESTELLUNGEN B, KUNDEN K
     WHERE B.KNR = K.KNR
```

wird folgende VIEW definiert:

BESTELLLISTE

KNAME	ART_NR	MENGE
FAMA	3	3
Klöckner	8	1
Klöckner	3	1
RADOVAN	2	2

3.4.3.3 Anwendungsmöglichkeiten von VIEW's

View's werden benutzt

a) **wie ein Unterprogramm:**
   Man kann eine VIEW benutzen, um komplexe SQL-Anweisungen schrittweise zu vereinfachen und zu testen.

b) **um eine Benutzersicht bereitzustellen:**
   Meist werden die Tabellen so aufgesplittet, daß es für einen Anwender, der nicht genügend Erfahrung mit SQL hat, zu schwierig ist, für eine spezielle Abfrage die Tabellen wieder zusammenzufügen. Hier findet die VIEW eine sinnvolle Anwendung, indem man für diesen

Anwender eine für ihn sinnvolle Benutzersicht auf mehrere Tabellen definiert, die für ihn dann wie eine einzige einfache Tabelle scheint.

c) aus Datenschutzgründen:
Mit dem GRANT-Befehl ist es nur möglich, für einen bestimmten Benutzer die Zugriffsrechte spaltenweise einzuschränken. Manchmal ist es allerdings notwendig, daß unterschiedlichen Benutzer nur auf bestimmte Zeilen einer Tabelle zugreifen dürfen. Dies wird mit Hilfe einer VIEW ermöglicht, indem in einer Spalte der Tabelle die Benutzernamen mit abgelegt werden. Dazu folgendes Beispiel:

Basistabelle:

KUNDEN

KNR	KNAME	KSTRAßE	KHSNR	KPLZ	KORT	SACHB
1	FAMA	Goethestr	19	6070	Langen	Müller
3	Klöckner	Paradiesweg	7	2080	Pinneberg	Schmitt
4	RADOVAN	Im Sand	45	1000	Berlin	Schmitt
5	Göhler	Schmalweg	11	6900	Heidelberg	Müller

Über die folgende VIEW dürfen die zuständigen Sachbearbeiter nur auf ihre Teile der Tabelle zugreifen:

```
CREATE  VIEW DEINEKUNDEN
    AS  SELECT *
  FROM  KUNDEN
 WHERE  SACHB = USER
```

Mit USER ist der aktuelle Benutzer gemeint, welcher auf die VIEW zugreifen möchte.

3.5 DML Daten-Manipulations-Anweisungen

3.5.1 Die SELECT-Anweisung (Daten aus der Datenbank lesen)

Zu den DML-Befehlen gehört der wohl wichtigste und komplexeste SQL-Befehl SELECT, obwohl er keine Daten verändert. Mit ihm werden Daten aus einer oder mehreren Tabellen lesend verarbeitet. Das Ergebnis des SELECTs sind Daten, die wiederum wie eine Tabelle strukturiert sind.

Wie wir schon gesehen haben, wird der SELECT-Befehl, oder Teile davon, in anderen SQL-Befehlen mitverwendet, z.B. in der VIEW-Definition.

So einfach diese Anweisung im ersten Moment auch aussieht, bedarf es sehr viel praktischer Übung, bis man in der Lage ist, auch komplexe Befehle zu formulieren. Wie gut man SQL beherrscht, hängt direkt davon ab, wie gut man diesen Befehl kennt, da er die am häufigsten verwendete Anweisung ist.

3.5.1.1 SELECT-Spezifikation

Wir beginnen bei der Definition der SELECT-Anweisung zunächst in der Mitte des Syntaxbaumes mit der

select-spezifikation:

```
select-spezifikation ::=
    SELECT [ ALL | DISTINCT ] spalten-ausdruck
                              tabellen-ausdruck
```

Abb. 3.9   Syntax der SELECT-Spezifikation

DISTINCT unterdrückt doppelte Zeilen im Ergebnis. ALL (default) bewirkt, daß alle, also auch gleiche Zeilen, im Ergebnis erscheinen.

- Der **Spalten-Ausdruck** bestimmt, welche Spalten in die Ergebnisrelation aufgenommen werden.
- Der **Tabellen-Ausdruck** wählt Zeilen der Eingangstabelle(n) aus.

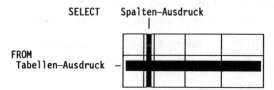

Abb. 3.10   Mit dem Spaltenausdruck werden Spalten, mit dem Tabellenausdruck Zeilen selektiert

Hier ein komplexes Beispiel für eine SELECT-Spezifikation:

Zeige alle Lieferanten und die Anzahl der verschiedenen Teile, welche sie liefern!

```
SELECT DISTINCT l.lief_name,' Anzahl gel. Artikel: ',
            count(a.art_nr)
   FROM lieferanten l, artikel a
   WHERE l.lief_nr = a.lief_nr
   GROUP BY l.lief_name
```

56 DML Daten-Manipulations-Anweisungen

lief_name		
Thomson	Anzahl gel. Artikel:	1
Audio Master	Anzahl gel. Artikel:	2
NEC	Anzahl gel. Artikel:	2
Easyprint	Anzahl gel. Artikel:	3

Mit Hilfe dieser Select-Spezifikation kann nun die Spitze der SELECT-Syntax definiert werden:

SELECT:

```
select-ausdruck ::=   select-term
                    | select-ausdruck UNION [ ALL ] select-term

select-term    ::= select-spezifikation | ( select-ausdruck )
```

Abb. 3.11 Syntax der SELECT-Anweisung

Mit **UNION** können mehrere SELECT-Spezifikationen gemäß dem relationalen UNION-Operator verknüpft werden[6]. Da es nach den relationalen Regeln keine doppelten Zeilen in einer Tabelle gibt, werden bei der UNION-Verknüpfung der SELECT-Spezifikationen die doppelten Zeilen eliminiert. Mit der Angabe von ALL nach UNION kann dies unterdrückt werden.

Laut dieser Syntax dürfen mit UNION nur zwei SELECT's verknüpft werden. Bei der Verknüpfung von drei (oder mehreren) SELECT-Spezifikationen a,b und c müssen diese eingeklammert werden:

   (a UNION b) UNION c   oder   a UNION (b UNION c)

Die Klammerung ist notwendig, da

   (a UNION ALL b) UNION c

nicht das gleiche ist wie

   a UNION ALL (b UNION c).

3.5.1.2 Spalten-Ausdruck

Im Spaltenausdruck wird festgelegt, welche Spalten (Daten) die Ergebnisrelation besitzen soll.

```
SELECT l.lief_name,'Anzahl gel. Artikel:',count(a.art_nr)
...
...
```

---

[6] siehe Kapitel 2.4.4.

Kapitel 3 Einführung in SQL

Dieser Spaltenausdruck gibt an, daß folgende Daten in die Ergebnisrelation geschrieben werden sollen:

l.lief_name die Lieferantennamen aus der Relation Lieferanten,
'Anzahl gel. Artikel:' ein konstanter Text,
count(a.art_nr) die Anzahl der Ergebniszeilen.

Der Spaltenausdruck ist folgendermaßen definiert:

```
spalten-ausdruck:

spalten-ausdruck     ::=   scalar-ausdruck { , scalar-ausdruck }
                         | *

scalar-ausdruck      ::=   [ + | - ] term { + | - term }

term                 ::=   factor { * | / factor }

faktor               ::=   atom
                         | spalten-referenz
                         | funktions-referenz
                         | ( scalar-ausdruck )

atom                 ::= konstante | USER

funktions-referenz   ::=   COUNT(*)
                         | distinct-funktions-ref
                         | all-funktions-ref

distinct-funktions-ref  ::=
    AVG | MAX | MIN | SUM | COUNT    (DISTINCT spalten-referenz )

all-funktions-ref    ::=
    AVG | MAX | MIN | SUM | COUNT    ( [ ALL ] scalar-ausdruck )

spalten-referenz ::= [ tabelle | range-variable . ] spaltenname
```

Abb. 3.12 Syntax des Spaltenausdrucks

Tabelle kann eine **Basistabelle** oder eine **VIEW** sein. Eine Tabelle kann qualifiziert, also in der Form besitzer.tabellenname oder unqualifiziert angegeben werden.

Wie man an dieser Syntax erkennen kann, basiert der Spaltenausdruck in erster Linie auf durch Komma getrennte, arithmetische Ausdrücke. In diesen können Konstanten, Funktionen oder Tabellenspalten beliebig mit den arithmetischen Operatoren +, -, *, / verknüpft werden.

3.5.1.3 Funktionen

Standard-SQL erlaubt die Benutzung von fünf Funktionen:

Funktion	Bedeutung
COUNT	Anzahl der Werte in der Spalte
SUM	Summe der Werte in der Spalte
AVG	Mittelwert der Spalte
MAX	größter Wert in der Spalte
MIN	kleinster Wert in der Spalte

Die Funktionen COUNT(spaltenname), SUM(spaltenname), AVG(spaltenname), MAX(spaltenname) und MIN(spaltenname) werten nur die unterschiedlichen Werte der Spalte aus (default ist ALL), wenn das Wort DISTINCT folgt. Wenn DISTINCT angegeben wurde, darf das Argument nur ein Spaltenname sein wie z.B. SUM(DISTINCT umsatz). Ansonsten darf ein skalarer Ausdruck als Argument folgen, z.B. SUM(umsatz*1.14).

COUNT(*) bezieht sich nicht auf eine spezielle Spalte und darf nicht in Verbindung mit der Funktionserweiterung DISTINCT verwendet werden.

SELECT COUNT(DISTINCT *) ist nicht erlaubt, aber

SELECT DISTINCT COUNT(*) ist ein gültiger SQL-Ausdruck.

3.5.1.4 Tabellen-Ausdruck

Bevor wir mit der formalen Syntax des Tabellenausdrucks fortfahren, hier zunächst eine Übersicht seiner Einzelteile:

FROM	definiert die Eingangstabellen
WHERE	selektiert aufgrund einer Bedingung die Zeilen der Eingangstabellen
GROUP BY	gruppiert Zeilen auf der Basis gleicher Spaltenwerte
HAVING	selektiert nur Gruppen im GROUP-BY-Teil laut einer Bedingung

Abb. 3.13 Die Einzelteile des Tabellenausdrucks

tabellen-ausdruck:

```
tabellen-ausdruck  ::=    from-klausel
                       [ where-klausel ]
                       [ group-by-klausel ]
                       [ having-klausel ]

from-klausel       ::= FROM   tabelle [ range-variable ]
                          { , tabelle [ range-variable ] }

where-klausel      ::= WHERE such-bedingung

group-by-klausel   ::= GROUP BY   spalten-referenz
                              { , spalten-referenz }

having-klausel     ::= HAVING such-bedingung
```

Abb. 3.14 Syntax des Tabellenausdrucks

- Tabelle kann eine **Basistabelle** oder eine **VIEW** sein. Eine Tabelle kann qualifiziert, also in der Form `besitzer.tabellenname` oder unqualifiziert angegeben werden.

- Spalten-Referenz ist eine durch Kommata getrennte Liste von qualifizierten (in der Form `tabellname.spaltenname` oder `range-variable.spaltenname`) oder unqualifizierten (nur `spaltenname`) Spaltennamen (siehe Abb. 3.12).

- Range-Variablen werden benötigt, wenn in einem SELECT die gleiche Tabelle mehrmals gebraucht wird. Mit Einführung einer solchen Range-Variablen wird einer Tabelle für diesen SELECT ein anderer Namen gegeben, auf den man sich dann individuell beziehen kann. Dies wird z.B. beim **Auto-Join** (Verknüpfung einer Tabelle mit sich selbst) oder bei manchen **korrelierten Subselects** benötigt. Oft wird

60 DML Daten-Manipulations-Anweisungen

die Range-Variable aber auch nur benutzt, um einen langen Tabellennamen in einem SELECT zu vereinfachen.

Hier einige SELECT-Beispiele:

Beispiel 1:

Aufgabe   Zeige alle Kunden auf, von welchen eine Bestellung vorliegt:

Lösung
```
SELECT  k.kname
FROM    kunden k, bestellungen b
WHERE   k.knr = b.knr
```

Beispiel 2:

Aufgabe   Zeige alle Monitore aus der Artikel-Tabelle auf:

Lösung
```
SELECT  art_bez, art_art
FROM    artikel
WHERE   art_art = 'Monitor'
```

Beispiel 3:

Hier ein Beispiel, das die Notwendigkeit einer Range-Variablen verdeutlicht.

Aufgabe   Zeige alle Mitarbeiter auf, die mehr als ihr Chef verdienen:

Lösung   Für dieses Beispiel wird eine weitere Tabelle definiert.

Mitarbeiter

name	chef	gehalt
Müller		4500
Günther	Müller	3000
Weber	Müller	4000
Frisch	Müller	4600
Heck	Günther	3100
Hinz	Günther	2700
Hilt	Günther	2900
Meier	Frisch	2100
Korn	Frisch	3200

Um diese Frage beantworten zu können, muß die MITARBEITER-Tabelle mit sich selbst verknüpft werden (Auto-Join). Dies geschieht, indem die betreffende Tabelle in der FROM-Klausel gleich zweimal jeweils mit verschiedenen Range-Variablen aufgeführt wird. Durch die Join-Bedingung m1.chef = m2.name wird jedem Mitarbeiter das Gehalt des Chefs zugeordnet.

```
SELECT   m1.name, m1.chef, m1.gehalt, m2.gehalt
FROM     mitarbeiter m1, mitarbeiter m2
WHERE    m1.gehalt > m2.gehalt
  AND    m1.chef   = m2.name
```

MITARBEITER

name	chef	gehalt	gehalt
Frisch	Müller	4600	4500
Heck	Günther	3100	3000

3.5.1.5 Such-Bedingung

Such-Bedingungen werden in der WHERE- und HAVING-Klausel benötigt, um bestimmte Spalten zu selektieren bzw. zu gruppieren. Das Ergebnis einer solchen Such-Bedingung ist für jede Zeile entweder WAHR, FALSCH oder UNBEKANNT (bei NULL-Werten). Nur die Zeilen, in denen die Such-Bedingung WAHR ist, werden in die Ergebnisrelation übernommen.

such-bedingung:

```
such-bedingung     ::= logischer-term { OR logischer-term }
logischer-term (SQL) ::= [ NOT ] logischer-factor { AND [ NOT ] logischer-factor }
logischer-factor (SQL) ::= prädikat | ( such-bedingung )
```

Abb. 3.15 Syntax der Suchbedingung

Eine solche Suchbedingung ist meist eine Reihung von Prädikaten, die mit AND oder OR verbunden werden. Durch Klammerung wird eine bestimmte Abarbeitungsreihenfolge erzwungen.

Man unterscheidet sieben Arten von Prädikaten:

Vergleichs-Prädikat:	A.LIEF_NR = L.LIEF_NR
Intervall-Prädikat (BETWEEN):	KPLZ BETWEEN '6000' AND '6999'
Ähnlichkeits-Prädikat (LIKE):	KPLZ LIKE '6%'[7]
Test auf NULL:	LIEF_NR IS NULL
IN-Prädikat:	ART_ART IN ('Monitor','Drucker')

---

[7] Das Zeichen % zeigt an, daß an dieser Stelle in der zu überprüfenden Spalte beliebige Zeichen stehen dürfen.

ALL- oder ANY-Prädikat: LIEF_NR >ALL (SELECT
                          LIEF_NR FROM ARTIKEL)
EXISTS-Prädikat: EXISTS (SELECT *
                          FROM ARTIKEL WHERE ...)

```
prädikat:

prädikat         ::=  vergleichs-prädikat
                    | between-prädikat
                    | like-prädikat
                    | test-auf-null
                    | in-prädikat
                    | all-or-any-prädikat
                    | exist-prädikat

vergleichs-prädikat   ::= scalar-ausdruck vergleichsoperator
                         scalar-ausdruck | subquery

vergleichsoperator    ::= = | <> | < | > | <= | >=

between-prädikat      ::= scalar-ausdruck [NOT] BETWEEN
                         scalar-ausdruck AND scalar-ausdruck

like-prädikat         ::= spalten-referenz [NOT] LIKE
                         konstante [ESCAPE atom]

test-auf-null         ::= spalten-referenz IS [ NOT ] NULL

in-prädikat           ::= scalar-ausdruck [ NOT ] IN
                         subquery | konstante { , konstante }

all-or-any-prädikat   ::= scalar-ausdruck vergleichsoperator
                         [ ALL | ANY | SOME ] subquery

exist-prädikat        ::= EXISTS subquery

subquery              ::= ( select-spezifikation )
```

Abb. 3.16 *Syntax des SQL-Prädikatausdrucks (spalten-referenz und scalar-ausdruck siehe Abb. 3.1)*

Während die Wirkung der meisten Prädikat-Arten selbsterklärend ist, bedürfen das ALL-OR-ANY-Prädikat und das exists-prädikat einer zusätzlichen Erklärung:

3.5.1.6 Das ALL-OR-ANY-Prädikat

Das **ALL-OR-ANY-Prädikat** läßt sich am besten an einem Beispiel verdeutlichen:

Wer verdient mehr als die Mitarbeiter des Herrn Frisch?

Kapitel 3 Einführung in SQL 63

```
SELECT *
FROM   mitarbeiter
WHERE  gehalt >ALL
  (SELECT gehalt
   FROM   mitarbeiter
   WHERE  chef = 'Frisch')
```

name	chef	gehalt
Frisch	Müller	4600
Müller		4500
Weber	Müller	4000

Zunächst wird die Ergebnismenge des Subselects

```
SELECT gehalt
FROM   mitarbeiter
WHERE  chef = 'Frisch'
```

errechnet. Danach werden im äußeren SELECT die Gehälter der Mitarbeiter selektiert, deren Gehalt größer ist als 2100 und 3200.

Die allgemeine Form des ALL-OR-ANY Prädikats lautet:

scalar-ausdruck   quantifizierter-operator   subquery,

wobei quantifizierter-operator ein normaler Vergleichsoperator wie =, <>, <, >, <=, >= ist, gefolgt von ANY, ALL oder SOME. SOME ist nur ein anderes Wort für ANY mit der gleichen Wirkung. Der Vergleich wird als WAHR erkannt, wenn der Vergleichsoperator ohne ALL (bzw. ANY) *wahr* ist für ALLE (bzw. EINES bei ANY der) Werte der Subquery.

3.5.1.7 Das EXISTS-Prädikat

Die allgemeine Form des EXISTS-Prädikates lautet:

    EXISTS subselect

Das EXITS-Prädikat wird als WAHR erkannt, wenn der Subselect mindestens eine Zeile selektiert.

64 DML Daten-Manipulations-Anweisungen

Selektiere alle Artikel, für die mindestens eine Bestellung vorliegt:

```
SELECT DISTINCT art_nr,art_bez
FROM     artikel a
WHERE    EXISTS (SELECT *
                 FROM     bestellungen b
                 WHERE    a.art_nr = b.art_nr)
ORDER BY art_nr
```

art_nr	art_bez
1	Multisync II
2	Multisync I
3	Herkules
8	Laser Printer

Da es bei Verwendung des EXISTS-Prädikats unerheblich ist, welche Spalten der dem EXISTS folgende Subselect enthält, wird als Spaltenausdruck meist nur * angegeben.

3.5.2 Die DELETE-Anweisung (Zeilen löschen)

Mit der DELETE-Anweisung werden Zeilen in einer Tabelle gelöscht. Folgende Syntax definiert den DELETE Befehl:

DELETE:

```
delete-anweisung ::= DELETE FROM tabelle [ where-klausel ]
```

Abb. 3.17 Syntax der DELETE-Anweisung

Alle Zeilen, für die die Where-Klausel WAHR ist, werden aus der Tabelle gelöscht.

Lösche alle Monitore aus der Tabelle ARTIKEL:

```
DELETE
FROM     ARTIKEL
WHERE    ART_ART = 'Monitor'
```

Für die where-klausel gilt beim DELETE-Befehl (wie auch beim UPDATE-Befehl) die Einschränkung, daß sich der Subselect nicht auf Spalten der zu löschenden Tabelle beziehen darf.

So ist folgender Befehl **nicht** erlaubt:

```
DELETE
FROM    ARTIKEL
WHERE   ART_ART =
        (SELECT ART_ART
         FROM   ARTIKEL
         WHERE  ART_ART = 'Monitor')
```

3.5.3 Die UPDATE-Anweisung (Zeilen ändern)

Mit der UPDATE-Anweisung werden Zeilen in einer Tabelle geändert. Folgende Syntax definiert den UPDATE-Befehl:

UPDATE (SQL):

```
update-anweisung ::= UPDATE tabelle
                     SET  wertzuweisung { , wertzuweisung }
                     [ where-klausel ]
wertzuweisung    ::= spalten-referenz = scalar-ausdruck | NULL
```

Abb. 3.18 Syntax der UPDATE-Anweisung

Ersetze in der Tabelle ARTIKEL den Namen 'Monitor' durch 'Bildschirm'!

```
UPDATE ARTIKEL
SET    ART_ART = 'Bildschirm'
WHERE  ART_ART = 'Monitor'
```

Für die **where-klausel** gilt beim UPDATE-Befehl (wie auch beim DELETE-Befehl) die Einschränkung, daß sie sich nicht auf Spalten der zu ändernden Tabelle beziehen darf. So ist folgender Befehl **nicht** erlaubt:

```
UPDATE ARTIKEL
SET    ART_ART = 'Bildschirm'
WHERE  ART_ART =
       (SELECT ART_ART
        FROM   ARTIKEL
        WHERE  ART_ART = 'Monitor')
```

3.5.4 Die INSERT-Anweisung (Zeilen einfügen)

Mit der INSERT-Anweisung werden in einer Tabelle Zeilen zugefügt. Man unterscheidet zwei Arten von INSERT-Anweisungen:

1. Einfügen von konstanten Werten:

```
INSERT INTO LIEFERANTEN
VALUES (22, 'IBM')
```

2. Einfügen von Daten, die aus einer Tabelle stammen:

```
INSERT  INTO    NEUE_LIEFERANTEN
        SELECT  *
        FROM    ALTE_LIEFERANTEN
```

Folgende Syntax definiert den INSERT-Befehl:

INSERT:

```
insert-anweisung ::=
    INSERT INTO tabelle
        [ ( spalten-referenz { , spaltenreferenz } ) ]
        VALUES ( konstante | NULL { , konstante | NULL } )
        | select-spezifikation
```

Abb. 3.19 *Syntax der INSERT-Anweisung*

tabelle spezifiziert hierbei die Zieltabelle. Wenn eine Spaltenreferenz angegeben wurde, werden alle Spalten, die nicht aufgeführt wurden, mit NULL belegt.

Beim INSERT-Befehl gilt für die Select-Spezifikation die Einschränkung, daß sie sich nicht auf die Zieltabelle beziehen darf. So ist folgender Befehl **nicht** erlaubt:

```
INSERT  INTO    ARTIKEL
        SELECT  *
        FROM    ARTIKEL
```

3.6 SQL-Kritik

Obwohl die Sprache SQL zunächst umfassend und einfach erscheint, bereitet ihre Anwendung in der Praxis auch Probleme. So begründen anerkannte Datenbankexperten die nur sehr zögerliche Durchsetzung der relationalen Datenbanken unter anderem mit der Unvollkommenheit dieser Sprache [Date 84], [Codd 90].

So ist es z.B. mit SQL nicht möglich, die Gehälter in der Mitarbeitertabelle zu erhöhen, wenn der Umfang der Gehaltserhöhung in einer anderen Tabelle steht. In SQL können Daten einer Tabelle nicht mit Werten einer anderen Tabelle geändert werden.

Ein anderes Beispiel:

Ermittle die Namen aller Mitarbeiter, die älter als der Durchschnitt sind:

So ist der folgende SQL-Befehl korrekt:

```
SELECT name
FROM   mitarbeiter
WHERE  alter > (SELECT AVG(alter) FROM mitarbeiter)
```

Allerdings ist

```
SELECT name
FROM   mitarbeiter
WHERE  (SELECT AVG(alter) FROM mitarbeiter) < alter
```

syntaktisch falsch, da der Subselect rechts neben dem Operator stehen muß. Solche uneinsichtigen und logisch nicht erklärbaren Regeln verkomplizieren das Lernen einer Sprache.

4

Datenbankinternas und Performance

- Der physische Zugriff auf Daten
- Adressierung mit der Record-ID
- Speicherstrukturen
- Die Abarbeitung von SQL-Statements
- Datenbank-Rechner
- Zusammenfassung

Kapitel 4 Datenbankinternas und Performance

In den vorherigen Kapiteln wurden Datenbankkonzepte und Philosophien behandelt. Um jedoch ein Datenbanksystem verstehen und optimal nutzen zu können, ist es notwendig, die interne Verarbeitungslogik zu kennen. Dazu gehört nicht nur das Wissen, wie das RDBMS die Daten physisch speichert und bei Bedarf wiederfindet, sondern auch, wie relationale Anfragen (z.B. ein SQL-SELECT) beantwortet werden. Diese Kenntnisse sind auch wichtig, um bei der Auswahl eines relationalen Datenbanksystems die Qualität des DBMS abschätzen zu können.

Gute **Performance** ist eine der wichtigsten Anforderungen an ein Datenbanksystem. Um dieser Anforderung gerecht zu werden, muß während der Testphase die Anwendung beobachtet werden um die Stellen zu finden, an denen durch Veränderungen der Speicherstruktur sowie durch geschicktes Umformulieren der DB-Befehle die Performance verbessert werden kann. Unter Speicherstruktur versteht man die Art und Weise des Abspeicherns von Daten. Erzielt werden soll dabei ein möglichst schnelles Auffinden von einer oder mehreren Zeilen.

4.1 Der physische Zugriff auf Daten

In der Regel werden alle Daten einer Datenbank auf **Festplatten** gespeichert. Aus Datensicherungsgründen werden diese in regelmäßigen Abständen auf preiswertere Datenträger wie zum Beispiel Magnetbänder kopiert. Da der Prozessor, der einen Datenbankbefehl ausführt, immer nur auf Daten, die im Hauptspeicher liegen, zugreifen kann, müssen die Daten zunächst von der Platte in den Hauptspeicher geladen werden. Das Datenbanksystem benutzt dazu Betriebssystemroutinen, die auf zwei unterschiedlichen Hierarchien im Betriebssystem verankert sind: den Dateiverwalter und den Plattenverwalter.

72 Der physische Zugriff auf Daten

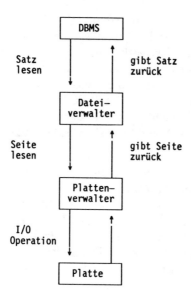

Der **Plattenverwalter** kann pro Zugriff immer nur eine Seite (manchmal auch Sektor genannt, in der Regel 256, 512, 1024, 2048 oder 4096 Bytes) von der Platte lesen bzw. auf die Platte schreiben.

Im günstigsten Fall ist ein vom DBMS angeforderter Satz auf der gleichen, im Hauptspeicher zwischengepufferten Seite, wie der letzte angeforderte Satz. So wird keine physische **I/O-Operation** notwendig, um diesen Satz zu lesen. Um dies möglichst oft nutzen zu können, werden in der Regel viele solcher I/O-Seiten im Hauptspeicher festgehalten. Dieser Hauptspeicherbereich wird **I/O-Cache** genannt.

Das eigentliche Problem, die möglichst schnelle Ausführung der Datenbankoperationen, kann vereinfacht damit gleichgesetzt werden, möglichst schnell die Daten auf der Platte zu finden, d.h. möglichst wenige physische I/O-Operationen ausführen zu müssen.

Der Plattenverwalter hat die Aufgabe, eine angeforderte Seite auf der Platte zu lesen. Als Vereinfachung kann man sich die Seiten auf einer Platte durchnumeriert denken. Kommt zum Beispiel vom Dateiverwalter die Anforderung, die Seite 4711 zu lesen, so kann der Plattenverwalter über ein **Platteninhaltsverzeichnis** die exakte Position auf der Platte errechnen, den **Schreib-/Lesekopf** auf den entsprechenden Zylinder bewegen und direkt auf die Seite 4711 zugreifen. Auf dieser Seite könnte sich dann ein Teil der Tabelle LIEFERANTEN befinden:

Kapitel 4 Datenbankinternas und Performance

Seite 4711

0	4		16	20		32	36
1	NEC		2	Audio Master		3	Thomson

	LIEF_NR	LIEF_NAME
Seite 4711	1	NEC
	2	Audio Master
	3	Thomson
	4	Easyprint
Seite 4712	5	Sharp
	6	IBM
	7	Atari
	8	Siemens
Seite 4713	9	Apple
	10	Epson
	11	Novell
	12	Acorn
Seite 4714	13	Seagate
	14	Teac

Abb. 4.1   Verteilung der Records einer Tabelle auf eine Platte

Das erste verfügbare Byte auf jeder Seite beginnt ab Adresse 0. In unserem Beispiel belegt jede LIEF_NR 4 Bytes und jeder LIEF_NAME 12 Bytes[1]. So beginnt der LIEF_NAME "Audio Master" ab der Byte-Adresse 20 (auch **Offset** genannt) auf der Seite 4711:

```
    4  Bytes   1. LIEF_NR     auf Seite 4711
+  12  Bytes   1. LIEF_NAME   auf Seite 4711
+   4  Bytes   2. LIEF_NR     auf Seite 4711
   ─────────
   20  Bytes = Offset für 2. LIEF_NAME auf Seite 4711
```

Der Befehl

SELECT *
FROM   Lieferanten
WHERE   Lief_name = 'Sharp'

würde bei einer rein sequentiellen Organisation der Tabelle bedeuten, daß jeder Record, also die gesamte Tabelle, gelesen werden müßte, da nach dem ersten Auftreten eines gültigen Satzes noch weitere gültige Sätze abgespeichert sein könnten.

---

[1] Falls der LIEF_NAME mit variabler Länge abgespeichert werden soll, wird zu jedem Satz noch ein Längenzähler mit abgespeichert.

Eine schnelle Platte erreicht eine **I/O-Rate** von etwa 40 Seiten pro Sekunde. Für eine Tabelle, die 500.000 Seiten groß ist, müßte man also 500.000 / 40 = 12.500 Sekunden, (oder 3 Stunden 29 Minuten) warten, bis das gewünschte Ergebnis verfügbar ist. Dabei wurde noch keine CPU-Zeit und keine andere Aktivität auf dieser Platte berücksichtigt. An diesem Beispiel erkennt man, daß eine Möglichkeit, auf die Daten direkt zugreifen zu können, unabdingbar ist.

4.2 Adressierung mit der Record-ID

Mit dieser Methode der Datenabspeicherung kann ein Record mit der Seitennummer und dem Offset innerhalb der Seite nicht nur eindeutig identifiziert werden, sondern es kann über den Plattenverwalter direkt auf diesen Datensatz zugegriffen werden, ohne unnötige physische Plattenzugriffe durchführen zu müssen.

Diese Kombination aus Seitennummer und Offset, die einen Datensatz eindeutig identifiziert, wird meist auch **RID** (Record-ID) oder **TID** (Tuple-ID) genannt (was die unten stehende Skizze verdeutlicht).

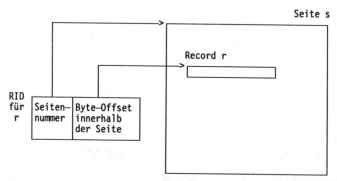

Abb. 4.2   Berechnung der Position eines Records auf der Platte über die Record-ID

Der hier beschriebene Algorithmus, Daten einer Tabelle physisch abzuspeichern, ist zwar vereinfacht dargestellt[2], aber doch realitätsnah genug, um die nächsten Kapitel darauf aufzubauen.

---

[2] In der Praxis müssen noch Seitenverkettungen für Datenfelder, die größer als eine Seite sind, sowie der freie Speicherplatz innerhalb einer Seite verwaltet werden.

4.3 Speicherstrukturen

Das DBMS speichert seine Daten in der Regel auf Festplatten. Diese Daten werden in Blöcken, den sogenannten Seiten, zusammengefaßt. Mehrere solcher Seiten bilden auf Betriebssystemebene eine Datei.

Manche Datenbanksysteme bilden eine Tabelle in genau einer Datei ab (**INGRES**). Dies hat folgende Vorteile:

- im Notfall können für die Administration (sichern, kopieren und rückspeichern) auch normale Betriebssystemkommandos auf eine Datenbanktabelle angewendet werden,

- es können die normalen Katalogkommandos des Betriebssystems genutzt werden, um sich Informationen über den belegten Speicherplatz und die Existenz einer Tabelle zu holen,

- es werden die Mechanismen vom Betriebssystem genutzt, die notwendig sind, um eine Tabelle dynamisch in ihrer Größe wachsen zu lassen. So kann eine Tabelle beliebig groß anwachsen (so lange genügend Plattenplatz zur Verfügung steht), ohne daß ein DBA eingreifen muß, um den Speicherplatz zu erweitern.

Andere Datenbanksysteme speichern mehrere Tabellen in einer physischen Datei ab und fordern einen **CREATE-TABLESPACE**-Befehl (**DB2** und **ORACLE**), der dann diese physische Datei mit fixer Größe allokiert [3]. In diesem Tablespace können dann beliebig viele Datenbank-Tabellen gespeichert werden.

Entscheidend ist, daß man möglichst effektiv (meist schnell) auf die benötigten Daten in der Tabelle zugreifen kann. In den letzen Jahren haben sich dazu mehrere Methoden durchgesetzt, die in den folgenden Kapiteln näher betrachtet werden.

4.3.1 Der Binär-Baum

Die verbreitetste Index-Methode bei relationalen Datenbanken ist ein baumartiger Verpointerungsalgorithmus.

---

[3] Unter allokieren versteht man das Reservieren (und oft auch zusätzliche Initialiliseren) eines Speicherbereichs.

76 Speicherstrukturen

Wie der Name schon ausdrückt, hat der Binär-Baum eine **Baumstruktur**, an dem jeder **Knoten** zwei Verzweigungen besitzt (**Pointer**[4] zum nächsten Knoten bzw. zu den Daten).

Ein solcher Knoten hat folgenden Aufbau:

RID	Schlüssel-Wert	Kleiner-RID	Größer-RID
1	Maier	2	3

Mit dieser Knotenstruktur läßt sich folgender Binärbaum aufbauen:

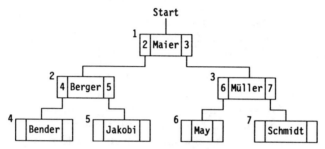

Abb. 4.3   Verpointerung eines Binärbaumes

Wird nun der Schlüssel "Jakobi" gesucht, beginnt man bei Start und vergleicht den zu suchenden Schlüssel mit dem gefundenen Schlüssel (**binäres suchen**). Wenn der zu suchende Schlüssel kleiner als der aktuell gelesene Schlüssel ist, wird mit der linken Record-ID der nächste Schlüssel gelesen. Falls der zu suchende Schlüssel größer als der neu gelesene Schlüssel ist, wird mit der rechten Record-ID weiter gelesen, bis Übereinstimmung gefunden wird.

In einer solchen Verkettung ist, je nach Stufe im Baum, folgende Menge von Schlüsseln zu finden:

1. Stufe	1 Schlüssel
2. Stufe	2 Schlüssel
3. Stufe	4 Schlüssel
4. Stufe	8 Schlüssel
5. Stufe	16 Schlüssel
6. Stufe	32 Schlüssel
7. Stufe	64 Schlüssel
8. Stufe	128 Schlüssel

---

[4] Pointer = Zeiger bzw. Adresse

9. Stufe   256 Schlüssel
10. Stufe   512 Schlüssel
.   .
.   .
20. Stufe   524288 Schlüssel

So sind in einem 10-stufigen Binär-Baum schon 1023 Schlüssel verkettet (Summe der Schlüssel 1,2,4,8 .. 512). Man kann leicht erkennen, daß für das Auffinden eines Wertes in einem solchen Baum maximal 10 Vergleichsoperationen notwendig sind und bei über einer Million Schlüssel maximal 20 Vergleiche (oder auch weniger, falls der zu suchende Wert in der Spitze des Baumes steht).

Natürlich können auch **Attributkombinationen** (mehrere Spalten) einen Schlüssel bilden. In diesem Fall werden einfach die betroffenen Spalten wie ein Feld gesehen und verpointert.

Bei manchen Implementierungen von Index-Bäumen werden die Bäume in anderen Seiten gespeichert als die Daten. So gibt es in jedem Knoten noch einen zusätzlichen Pointer (RID) zu dem eigentlichen Datensatz. Wenn die Index-Bäume mit den Daten vermischt werden, spricht man von einem **Index-Daten-Cluster**. Dabei würden in jedem Knoten nicht nur der Schlüsselwert, sondern auch die eigentlichen Daten mit aufgenommen.

Vorteile von baumartigen Indizes:

- Es ist möglich, relativ schnell den gewünschten Schlüssel zu finden, z.B., wenn er als Konstante in einer Query steht:

  SELECT Gehalt   SELECT Gehalt
  FROM Mitarbeiter   oder FROM Mitarbeiter
  WHERE Name = 'Jakobi'   WHERE Name IN
                             ('Jakobi','Maier')

- Das gleiche gilt auch für mehrspaltige Schlüssel, wenn sie von links eindeutig spezifiziert wurden:

  Definieren eines mehrspaltigen Indexes:

  CREATE INDEX Name_ix
  ON   Mitarbeiter (VName, NName)

  Bei diesem SELECT kann der Index benutzt werden, da beide Konstantenausdrücke 'Karl' und 'Jakobi' angegeben sind:

```
SELECT  Gehalt
FROM    Mitarbeiter
WHERE   VName = 'Karl'
AND     NName = 'Jakobi'
```

Im Gegensatz dazu kann in diesem SELECT der Index nicht benutzt werden, da nur der rechte Teil des Schlüssels als Konstante angegeben ist:

```
SELECT  Gehalt
FROM    Mitarbeiter
WHERE   NName = 'Jakobi'
```

Weitere Vorteile baumartiger Indizes:

- Es ist möglich, alle Records sortiert nach dem Schlüssel zu lesen, indem einfach von den Spitzen des Baumes nach innen gelesen wird. Dies ist bei Joins nach dem Sort-Merge-Verfahren notwendig (siehe Kap 4.4.5) oder bei Queries, bei denen das Ergebnis in sortierter Reihenfolge gewünscht wird:

```
SELECT  Name, Gehalt
FROM    Mitarbeiter
ORDER BY Name
```

- Es ist möglich, direkt auf einen Bereich von Schlüsseln (**Teilschlüssel**) zuzugreifen. Hierbei wird zunächst auf dem kleinsten zu suchenden Schlüssel positioniert und dann in der Reihenfolge der sortierten Schlüssel weitergelesen, bis der größte zu suchende Schlüssel erreicht wird. Dieser Vorteil wird bei den folgenden Arten von Queries genutzt:

```
SELECT  Name, Abtlg
FROM    Mitarbeiter
WHERE   Name LIKE 'M%'
```

und

```
SELECT  Name, Abtlg
FROM    Mitarbeiter
WHERE   Name BETWEEN 'Maier' AND 'Meyer'
```
[5]

---

[5] Es ist zu beachten, daß bei dieser Query auch Namen wie Martin, Maus, Metzger usw. selektiert werden.

Kapitel 4 Datenbankinternas und Performance

Da der zu suchende Konstantenwert nicht von links qualifiziert wurde, könnte auch diese Query den Indexbaum nicht nutzen, sondern es müßten alle Elemente des Baumes gelesen werden:

```
SELECT  Name, Abtlg
FROM    Mitarbeiter
WHERE   Name LIKE '%er'
```

Nachteile baumartiger Indizes:

Die Binär-Bäume haben auch Nachteile. Diese sind vor allem beim Einfügen und Löschen von Knoten zu finden.

Um dieses Problem besser verdeutlichen zu können, sehen wir uns folgendes Beispiel an. Angenommen, es existiert folgender Binär-Baum:

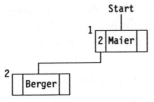

Abb. 4.4 Ein nicht ausbalancierter Binärbaum

Wenn nun der Schlüssel 'Bender' eingefügt werden soll, müßte er unter 'Berger' stehen:

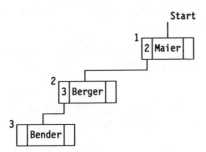

Abb. 4.5 Einfügen eines neuen Knotens im nicht ausbalancierten Binärbaum

Man erkennt leicht, daß beim Einfügen immer kleinerer Schlüssel eine einfach verkettete Liste entstehen würde. Um dann in einer solchen verketteten Liste einen Schlüssel zu suchen, müßten alle Schlüssel sequentiell gelesen werden und der Performancegewinn des Schlüssels würde verloren gehen.

80 Speicherstrukturen

Der Binär-Baum ist nur dann optimal, wenn er ausbalanciert ist.
D.h. alle Knoten auf der untersten Ebene sind gleich weit vom Start-Knoten entfernt. Nach dem Einfügen von 'Bender' muß der Baum also folgende Struktur besitzen:

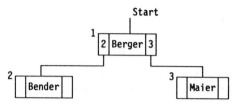

Abb. 4.6 Der Binärbaum muß nach dem Einfügen eines neuen Knoten ausbalanciert werden

So muß also beim Einfügen eines neuen Elementes in den Baum eventuell der gesamte oder zumindest ein Teil des Baumes umstrukturiert werden. Dies bedeutet einen nicht unerheblichen CPU- und vor allem I/O-Aufwand.

Die gleichen Probleme gibt es auch beim Löschen von Knoten im Baum.

An diesem Beispiel kann man erkennen, daß es, je nachdem in welcher Reihenfolge die Daten eingefügt werden, sehr aufwendig sein kann, den Indexbaum immer ausbalanciert zu halten.

Beim Laden großer Datenmengen in eine leere Tabelle ist es erheblich effektiver, diese zunächst sequentiell in die Tabelle zu laden und erst danach einen Index zu definieren.

Beim Laden großer Datenmengen in eine Tabelle, auf der bereits ein Index definiert ist, ist es effektiver, die zu ladenden Daten zuvor zu sortieren.

Diese Nachteile, die durch das ständige Ausbalancieren der Binärbäume auftreten, sind bei den B-Bäumen, die im nächsten Kapitel behandelt werden, stark gemindert.

Probleme beim Locking

Ein weiterer Nachteil der index-orientierten Speicherstrukturen sind beim **konkurrierenden Zugriff** zu finden. Wie in Kapitel 5.2 beschrieben, ist es manchmal notwendig, Daten davor zu schützen, daß sie von anderen Programmen geändert werden können. Zu diesem Zweck können sie kurzzeitig gelockt (gesperrt) werden. Die meisten Datenbanken führen hierzu eine Lock-Tabelle, in der vermerkt wird, welche Seite zur

Zeit nicht verändert werden darf. Nun werden auch die Seiten, in denen der Indexbaum gespeichert wird, manchmal geändert und müssen evtl. genauso gelockt werden wie die Datenseiten. Dadurch kommt es zu einer erhöhten **Deadlock-Gefahr**.

Das Halloween Problem

Verschiedene relationale Datenbanksysteme haben einen weit verbreiteten Implementierungsfehler, genannt "Halloween Problem Fehler". Dieser zeigt sich bei Queries der Form:

```
UPDATE mitarbeiter
SET    abteilungsnr = 1000
WHERE  abteilungsnr = 2000
```

Laut SQL-Standard sind Befehle dieser Art zwar nicht erlaubt, allerdings wird dieser synatktische Fehler nur in wenigen DBMS abgefangen. Natürlich sollte bei dieser Art des UPDATES das DBMS unbedingt den Schlüssel benutzen, der auf `abteilungsnr` definiert ist. Ansonsten müßte ein »**Tablescan**« vorgenommen werden, also die gesamte Tabelle `mitarbeiter` sequenziell durchsucht werden. Eine nicht akzeptable Vorgehensweise.

Wie soll jedoch der folgende UPDATE abgearbeitet werden?

```
UPDATE mitarbeiter
SET gehalt = gehalt + 100
WHERE gehalt > 3000
```

Wenn dieser Befehl einen Index über `gehalt` benutzt, so werden zunächst alle Gehälter der Größe 3000 auf 3100 gesetzt, danach alle Gehälter der Größe 3001 auf 3101 usw.

Auf Grund dieser Vorgehensweise erzeugen einige Datenbanken "Müll" in den Daten, wenn der UPDATE Daten ändert, auf denen ein Schlüssel definiert ist. Das DBMS muß dieses UPDATE-Problem speziell abfangen, indem es einen Key nur dann benutzt, wenn

- der Ausdruck rechts vom Gleichheitszeichen keine Attribute des Schlüssels enthält oder

- wenn die WHERE-Bedingung einen kompletten Schlüssel als Konstante spezifiziert (somit nur ein Record geändert wird).

4.3.2 Der B-Baum

Die Logik der Binär-Bäume, die schon seit vielen Jahren bekannt ist, wurde 1971 von **R. Bayer** und **E. McCreight** erheblich verbessert. Seit der erstmaligen Veröffentlichung 1972 [Bayer 72] wurden diese sogenannten B-Bäume mehrmals weiter verfeinert. Heute findet diese Speicherstruktur in fast allen relationalen oder nicht-relationalen Datenbanksystemen als die Standardzugriffsmethode (und meist nur diese) Verwendung.

R. Bayer und E. McCreight erweiterten den **Zwei-Wege-Suchbaum**, wie der Binär-Baum auch genannt wird, zu einer speziellen Art von **m-Wege-Suchbaum**, bei dem jeder Knoten mehrere Schlüssel aufnimmt:

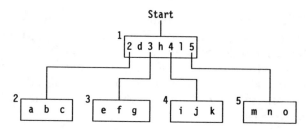

Abb. 4.7   *Verpointerung eines B-Baums*

Ist ein Knoten *n* Schlüssel groß, dann enthält er *n+1* Pointer, die auf die nächste Hierarchie verweisen. In diesem Beispiel sind 3 Schlüssel in jedem Knoten.

Durch einen ausgeklügelten Algorithmus wird bei den B-Bäumen eine optimale Anzahl der Schlüssel in einem Knoten bestimmt, was letztendlich zu einem erheblich verbesserten Verhalten sowohl beim Ausbalancieren der Bäume als auch beim Suchen von Schlüsseln führt.

4.3.3 Hashing

Eine weitere Methode, um schnell auf Daten zugreifen zu können, ist das Hash-Verfahren. Mit diesem Verfahren wird ein Schlüsselwert in eine RID, also in eine direkte Adresse auf der Platte, umgerechnet.

Die Lieferanten-Nummern der Tabelle Lieferanten sollen als Hash-Key dienen. So werden die einzelnen Werte 1, 2, 3, ... durch die Umrechnungsformel

Hash–Adresse   :=   LIEF_NR MODULO X

Kapitel 4 Datenbankinternas und Performance

in eine Hash-Adresse umgewandelt, wobei MODULO die mathematische Funktion ist, die den ganzzahligen Rest einer Division liefert und X die Anzahl der zur Verfügung stehenden RID's kennzeichnen soll. Wenn X = 17 wäre, so würde durch die Umrechnungsformel folgende Abbildung der LIEF_NR vorgenommen werden:

LIEFERANTEN

LIEF_NR	LIEF_NAME
2	NEC
11	Audio Master
17	Thomson
99	Easyprint
522	Sharp

Abbildung auf RID's

RID	LIEF_NR	LIEF_NAME
0	17	Thomson
1		
2	2	NEC
3		
4		
5		
6		
7		
8		
9		
10		
11	11	Audio Master
12	522	Sharp
13		
14	99	Easyprint
15		
16		

Abb. 4.8   Abbildung von Records auf HASH-Adressen

So wird, wenn die Lieferantennummer 99 abgespeichert werden soll, diese umgerechnet zum Wert 14 und auf der Festplatte an diese Stelle (Record-ID) gespeichert.

Da die Umrechnungsformel eine i.a. große Anzahl von Lieferantennummern auf nur X verschiedene RID's abbildet (für X=17 werden die Lieferantennummern 14,31,48,... auf die RID 14 abgebildet), so muß vor dem Abspeichern noch geprüft werden, ob der Speicherplatz an der errechneten Stelle noch frei ist. Wenn nicht, so werden die Daten z.B. entweder in einen speziell für diese Fälle angelegten **Überlaufbereich** sequentiell geschrieben oder man sucht einfach ab der errechneten Stelle sequentiell nach dem nächsten freien RID (Speicherplatz) und legt den Datensatz dann dort ab. Eine weitere Möglichkeit ist die Verwendung einer zweiten HASH-Funktion die dann in der Regel eine andere (hoffentlich freie) HASH-Adresse liefert.

In der Praxis wird zum Errechnen der HASH-Adresse keine MODULO-Funktion verwendet, sondern es finden hier komplexere Funktionen Verwendung, die daraufhin optimiert wurden, möglichst selten eine gleiche HASH-Adresse zu ermitteln.

Suchen eines Datensatzes

Zunächst wird aus dem zu suchenden Schlüssel wieder mit der gleichen Umrechnungsformel die RID errechnet. Wird der Datensatz dort nicht gefunden, muß je nach verwendetem Einspeicherungsalgorithmus sequentiell (bzw. im Überlaufbereich oder mit zweiter HASH-Funktion) weitergesucht werden.

Wie deutlich zu erkennen ist, hängt die Effektivität des Hash-Verfahrens vom Umrechnungsalgorithmus ab. Je besser dieser arbeitet, um so unwahrscheinlicher ist ein Zugriff auf den Überlaufbereich, was ein langsames, manchmal sogar sequentielles Suchen zur Folge hätte.

Vorteile des Hash-Verfahrens:

- Da das Durchsuchen des Index-Baumes entfällt, ist es noch schneller als beim B-Baum möglich, einen gewünschten Schlüssel zu finden. Dies ist vorteilhaft bei JOINs nach der Join-Index-Methode (siehe Kap. 4.4.5) oder wenn der gesuchte Schlüssel als Konstante in einer Query steht:

```
SELECT  Gehalt                          SELECT  Gehalt
FROM    Mitarbeiter      oder           FROM    Mitarbeiter
WHERE   Name = 'Jakobi'                 WHERE   Name IN
                                                ('Jakobi','Maier')
```

- Eine erhöhte Deadlock-Gefahr wie bei den index-orientierten Speicherstrukturen ist bei Hash nicht vorhanden.

Nachteile des Hash-Verfahrens:

Da keine Sortierung der Schlüsselwerte existiert, ist es auch nicht möglich, mit einem **Teilschlüssel** zuzugreifen. Ein Teilschlüssel ist dann gegeben, wenn in der WHERE-Bedingung des SELECT mit LIKE oder <, >, <=, >=, <> usw. gearbeitet wird, oder wenn bei mehrspaltigen Schlüsseln nur ein Teil der Schlüsselwerte angegeben wird. So kann, im Gegensatz zum B-Baum, bei den folgenden SELECTs kein Schlüssel benutzt werden:

```
SELECT  Lief_name                       SELECT   Lief_name
FROM    Lieferanten                     FROM     Lieferanten
WHERE   Lief_nr > 10                    ORDER BY Lief_nr

SELECT  Lief_name
FROM    Lieferanten
WHERE   Lief_nr BETWEEN 10 AND 100
```

Ein weiterer Nachteil ist, daß die Zugriffsgeschwindigkeit sowohl lesend als auch schreibend auf einen Hash-Schlüssel mit dem **Füllungsgrad** der reservierten RID's abnimmt, da es immer öfter zu **Kollisionen** der errechneten RID kommt. So ist in der Praxis meist ab einem Füllungsgrad von über 60% schon eine Performanceverminderung zu spüren.

Ein weiteres Problem entsteht, wenn viele gleiche Schlüsselwerte auftreten. Da der Hash-Algorithmus beim gleichen Schlüssel immer die gleiche Record-ID errechnet, entstehen auch hier Kollisionen, die dazu führen, daß der Satz in den Überlaufbereich geschrieben wird.

Weiterhin muß beachtet werden, daß das Füllen einer Tabelle mit größeren Datenmengen eine erhöhte I/O-Rate zur Folge hat, da jeder Datensatz auf eine andere Seite geschrieben wird. Im Gegensatz dazu die baumartigen Speicherstrukturen, bei denen zuerst eine Seite ganz gefüllt werden kann, bevor die nächste Seite begonnen wird.

Die Speicherstruktur Hash kann nur einmal auf einer Tabelle definiert werden (entweder auf eine oder mehrere Spalten). Ein Zweitschlüssel kann nicht Hash sein, wenn der Primärschlüssel schon Hash ist. Dies ist leicht einzusehen, da durch den Inhalt des Schlüsselwertes die Position des gesamten Records bestimmt wird.

4.3.4 Heap

Die einfachste Speicherstruktur ist das sequentielle Ablegen der Daten, Heap genannt. Diese Speicherstruktur ist immer dann vorhanden, wenn kein Schlüssel definiert wurde.

Das Abspeichern der Daten geschieht schneller als bei allen anderen Speicherstrukturen, da kein Index-Baum aufgebaut werden muß und eine Seite nach der anderen gefüllt werden kann. Heap benötigt weniger I/O als Hash. Auch das sequentielle Lesen einer ganzen Tabelle ist schneller als bei allen anderen Speicherarten.

Die Nachteile liegen allerdings auf der Hand und sind vor allem beim Zugriff auf einen bestimmten Wert zu spüren: es muß die gesamte Tabelle gelesen werden.

Die Speicherstruktur Heap bietet sich also vor allem dann an, wenn eine große Tabelle zu laden ist. Erst nach dem Laden sollte dann diese Tabelle in eine andere Speicherstruktur umgewandelt werden. Auch bei relativ kleinen Tabellen (etwa kleiner 5 Seiten) ist es sinnvoller, die

Tabelle einfach sequentiell zu organisieren, da sie in der Regel komplett in den I/O-Cache paßt.

4.3.5 Zusammenfassung

Jede dieser vorgestellten Methoden zum Abspeichern der Daten hat unterschiedliche Vor- und Nachteile. Es gibt keine Speicherstruktur, die für alle Anwendungen optimal ist. Die Speicherstruktur mit den meisten Vorteilen ist allerdings der B-Baum. So wird diese Speicherstruktur auch von den meisten Datenbankherstellern verwendet. Am besten läßt sich eine Anwendung allerdings optimieren, wenn man in einem Datenbanksystem unter möglichst vielen Speicherstrukturen wählen kann, und so, je nach Anwendung, die optimalste für eine Tabelle nutzt.

Allerdings gibt es in der Art und Weise, wie der einzelne Datenbankhersteller diese Speicherstrukturen implementiert, noch gravierende Unterschiede, die sich in der Praxis manchmal als sehr störend erweisen. Diese Unterschiede sind besonders bei der Verwaltung von gelöschten Speicherplätzen innerhalb der Seiten und von noch (bzw. wieder) freien Seiten zu finden.

Alle hier genannten Performancegesichtspunkte bezüglich der einzelnen Speicherstrukturen bezogen sich primär auf das Suchen und Abspeichern von Daten. Da sich das Ändern von Daten in Suchen, Ändern und Abspeichern zerlegen läßt, und sich das eigentliche Ändern des Datensatzes im Hauptspeicher vollzieht, gelten die oben angegebenen Performanceaussagen auch für das Ändern von Daten.

4.4 Die Abarbeitung von SQL-Statements

Nicht alle Hersteller von relationalen Datenbanksystemen legen offen, wie ein SQL-Befehl intern von ihrem Datenbanksystem abgearbeitet wird. Da hiervon allerdings weitgehend die Performance und somit auch die Qualität eines RDBMS abhängt, wird dadurch dem Käufer eines RDBMS eines der wichtigsten Beurteilungskriterien vorenthalten. Oft wird dies damit begründet, daß dies Firmengeheimnisse seien und dieses Know-How nicht an Konkurrenzfirmen weitergegeben werden soll. Die Praxis zeigt allerdings, daß die RDBMS-Hersteller, die diese Internas offenlegen, meist die besten **Optimierungsstrategien** haben und somit auch die schnelleren RDBMS besitzen.

Kapitel 4 Datenbankinternas und Performance

Die gebräuchlichsten Strategien zur optimalen Auswertung relationaler Ausdrücke sind in der einschlägigen Literatur beschrieben [Koch 85], [Date 86], [Yao 79], [Stonebraker 85], [Kim 85]. Da die meisten dort beschriebenen Strategien sehr formell und mathematisch beschrieben sind, soll in den folgenden Kapiteln der Versuch unternommen werden, zusammenfassend die von den meisten professionellen RDBMS intern benutzten Grundalgorithmen in verständlicher Art und Weise zu erklären.

Beschäftigt man sich näher mit diesen Optimierungsstrategien, dann kommt man relativ schnell zu der Erkenntnis, daß dies eines der Gebiete der Informatik darstellt, an denen wohl noch viele Wissenschaftler in den nächsten Jahren weitere Verbesserungen erarbeiten können.

> Das Gebiet der Query-Optimierung ist eine der großen Herausforderungen der Informatik.

4.4.1 Der semantische Level einer Programmiersprache

Es ist nicht leicht, die Unterschiede zwischen einer 4GL-Sprache wie SQL und einer guten Programmiersprache der dritten Generation (z.B. PASCAL) zu erkennen. An dieser Stelle soll zunächst die unterschiedliche Ausdruckskraft dieser zwei Sprachen an einem Beispiel verdeutlicht werden:

Schreibe eine Rechnung für alle Bestellungen!

In SQL müßte man folgendermaßen programmieren:

```
SELECT A.ART_NR, A.ART_BEZ, A.PREIS*B.MENGE
FROM    ARTIKEL A, BESTELLUNGEN B
WHERE   A.ART_NR = B.ART_NR
```

Mit folgenden PASCAL-Anweisungen wird das gleiche Ergebnis erzielt:

```
RESET(BESTELLUNGEN)                    (* gehe zum Dateianfang *)
WHILE NOT EOF(BESTELLUNGEN) DO  (* solange es Bestellungen gibt*)
BEGIN
   RESET(ARTIKEL);                     (* suche Artikel in der *)
   WHILE NOT EOF(ARTIKEL) DO           (* Artikeldatei *)
   BEGIN                               (* Join *)
      IF ARTIKEL.ART_NR = BESTELLUNGEN.ART_NR THEN
```

```
            WRITELN(ARTIKEL.ART_NR, ARTIKEL.ART_BEZ,
                   ARTIKEL.PREIS*BESTELLUNGEN.MENGE)
      END;
      READLN(ARTIKEL);
   END;
   READLN(BESTELLUNGEN)
END;
```

Der eigentliche Unterschied liegt auf den ersten Blick nur in der Länge des Programms. Oder ?

Nein, der Unterschied zwischen einer Programmiersprache der dritten und einer Programmiersprache der vierten Generation liegt im sogenannten **semantischen Level**.

Eine Programmiersprache (und auch jede Umgangssprache) wird definiert:

- durch ihre **Symbole**
  reservierten Wörter wie SELECT, FROM, WHERE, IN, ORDER usw.
  Konstanten wie 'Klöckner', '2a', 24, 1, 2 usw.
  Interpunktionssymbolen wie ',' und '.'

- durch ihre **Syntax**
  Dies sind die Regeln, die definieren, in welcher Reihenfolge die Symbole aneinandergereiht werden dürfen, z.B.:

    SELECT [ALL | DISTINCT] spalten-ausdruck
                              tabellen-ausdruck

  Meist wird zur Beschreibung der Syntax einer Sprache als Hilfsmittel die EBNF oder ein Syntaxdiagramm benutzt.

- durch ihre **Semantik**
  Das ist die Bedeutung einer Anweisung, z.B. bedeutet

    a := b*5

  daß der Wert der Variable b mit 5 multipliziert wird und das Ergebnis dieser Multiplikation der Variablen a zugewiesen wird. Die Variable a hat, nachdem diese Anweisung ausgeführt wurde, den fünffachen Wert der Variablen b.

    SELECT a FROM b

  bedeutet, daß alle Werte der Spalte a von der Tabelle b selektiert werden.

Kapitel 4 Datenbankinternas und Performance

Wenn man nun eine 3GL-Sprache wie PASCAL oder COBOL und die Sprache SQL mit etwas mehr Abstand betrachtet, kann man folgende Unterschiede feststellen:

- Die 3GL-Sprachen weisen einen sehr elementaren Befehlssatz auf. Dieser besteht im wesentlichen aus algebraischen Ausdrücken (a := b*5), Möglichkeiten zur Schleifenbildung (REPEAT, WHILE, FOR), bedingten Anweisungen (IF, CASE) und Mitteln zur Modularisierung von Programmen (Unterprogramme). Alle diese Sprachelemente sind sehr elementar. Es ist die Aufgabe des Programmierers, ein bestehendes Problem durch Umsetzung in diese Sprachelemente (Codierung) zu lösen.

- Für den Compiler (und meist auch für einen Programmierer, der das Programm nicht kennt) ist es nur beschränkt möglich, in einem 3GL-Programm zu erkennen, was die Gesamtheit der einzelnen Anweisungen eigentlich bewirken soll.

Dies wird besonders deutlich, wenn man das obige SELECT und das PASCAL-Programm mit der gleichen Funktion einem Programmierer übergibt, der sowohl PASCAL als auch SQL beherrscht. Bei welchem Code wird er wohl schneller verstehen, was der Programmierer eigentlich machen wollte?

So kann auch der Compiler, der die Semantik der Befehle kennt, bei einer nichtprozeduralen, also einer 4GL-Sprache, besser »verstehen«, was der Programmierer mit diesem Programm beabsichtigte.

Warum muß der Rechner eigentlich wissen, was das ganze Programm in seiner Gesamtheit macht?

Je mehr der Rechner darüber »weiß«, was der Programmierer bewirken wollte, desto mehr kann er ihm an Programmierarbeit abnehmen und um so weniger Programmierfehler können sich einschleichen, da der Rechner mehr Prüfmöglichkeiten über das Programm hat.

Diese Erkenntnisse waren auch vor einigen Jahren die Motivation für die Entstehung der 3GL-Sprachen, durch die schließlich die Assemblersprachen fast völlig verdrängt wurden.

Zusammenfassend kommt man zu der Erkenntnis, daß nur die Verwendung einer nicht-prozeduralen Sprache es dem Datenbanksystem ermöglicht, die Art und Weise, wie das Ergebnis ermittelt wird, selbst zu bestimmen. Und nur dann ist der Rechner in der Lage, dieses Programm bzw. diese SQL-Anweisung zu optimieren.

4.4.2 Umsetzung von SQL-Ausdrücken in relationale Algebra

Da ein Rechner immer nur prozedurale Anweisungen ausführen kann, muß eine 4GL wie z.B. SQL zunächst in Anweisungen der relationalen Algebra, also in prozedurale Anweisungen, umgesetzt werden. Da diese Umsetzung schon die Optimierung beinhaltet, hängt die Performance eines relationalen Datenbanksystems im entscheidenden Maße von diesen Umsetzungsalgorithmen ab.

Bei der Umsetzung eines SELECTs muß zwischen SELECTs, die nur eine Tabelle benutzen (**Ein-Tabellen-Query**) und solchen, in denen mehrere Tabellen verarbeitet werden (**Mehr-Tabellen-Query**), unterschieden werden. Während sich die Optimierung einer Ein-Tabellen-Query auf relativ einfache Algorithmen wie Ausnutzung eines Keys beschränkt, ist die **Optimierung** einer Mehr-Tabellen-Query ein sehr komplexer Vorgang.

In den weiteren Ausführungen werden wir uns auf die Optimierung der Mehr-Tabellen-Queries beschränken.

Das folgende Beispiel wird die Art und Weise, wie das RDBMS einen Datenbankbefehl in Ausdrücke der relationalen Algebra umsetzt und diese optimiert, verdeutlichen.

Welche Kunden haben einen Monitor bestellt?

```
SELECT  K.KNAME
FROM    ARTIKEL A, BESTELLUNGEN B, KUNDEN K
WHERE   A.ART_NR  = B.ART_NR
  AND   B.KNR     = K.KNR
  AND   A.ART_ART = 'Monitor'
```

Ich möchte an dieser Stelle den Leser bitten, sich mit diesem SELECT zunächst einmal vertraut zu machen, indem er selbständig die Ergebnistabelle ermittelt. Dies erleichtert das Verständnis der folgenden näheren Analyse und Optimierung.

Die Auswertung eines solchen SQL-Ausdrucks vollzieht sich in der Regel in mehreren Schritten: Nachdem von einem sogenannten **Scanner-Parser** der SQL-Befehl auf seine **syntaktische**[6] und **seman-**

---

[6] Die syntaktische Prüfung beinhaltet, ob die Anweisung der SQL-Syntax entspricht.

tische[7] **Korrektheit** geprüft wurde, wird er von seiner nicht-prozeduralen Form (SQL) in eine prozedurale Form (relationaler Algebraausdruck) umgewandelt. Diese Umformung kann, wenn man Optimierungsaspekte außer acht läßt, ganz formell nach folgender Regel [Codd 72-1 entsprechend SQL abgewandelt] geschehen:

1. Bilde das kartesische Produkt durch den relationalen Operator PRODUCT über alle Relationen des FROM-Teils.

    TempTab$_1$:= PRODUCT(Rel$_1$,Rel$_2$)
    ...
    TempTab$_{n-1}$:= PRODUCT(TempTab$_{n-2}$, Rel$_n$)

    ==> TempTab$_1$:= PRODUCT(ARTIKEL,BESTELLUNGEN)
         TempTab$_2$:= PRODUCT(TempTab$_1$,KUNDEN)

2. Schränke das Produkt entsprechend der WHERE-Bedingungen durch den relationalen Operator "Rest" ein!

    TempTab$_n$:= REST(TempTab$_{n-1}$, ...)

    ==> TempTab$_3$:=
         REST(TempTab$_2$, A.ART_NR = B.ART_NR
              AND   B.KNR   = K.KNR
              AND   A.ART_ART = 'Monitor')

3. Projiziere das Ergebnis durch Anwendung des relationalen Operators "Proj" auf die gewünschte Zielliste (Spaltenausdruck)!

    Ergebnis := PROJ(TempTab$_n$, < scalar-ausdruck, ... >)

    ==> Ergebnis := PROJ(TempTab$_3$, < KNAME >)

Der aus diesem Algorithmus resultierende Ausdruck sieht dann so aus:

```
PROJ( REST(
          PRODUCT( PRODUCT(ARTIKEL, BESTELLUNGEN), KUNDEN),
                   A.ART_NR  = B.ART_NR
             AND   B.KNR     = K.KNR
             AND   A.ART_ART = 'Monitor'
          ),
      < KNAME >
    )
```

---

[7] Die semantische Prüfung beinhaltet unter anderem eine Prüfung der Datentypen. Also z.B. ob in einem arithmetischen Ausdruck ein Feld vom Datentyp CHAR mit einer Zahl multipliziert wird.

92 Die Abarbeitung von SQL-Statements

Dieser Ausdruck kann durch eine **hierarchische Visualisierung** besser verständlich dargestellt werden (der Baum wird von unten nach oben abgearbeitet):

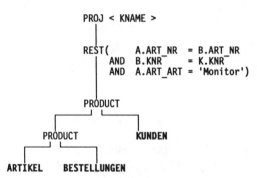

Abb. 4.9 Hierarchische Visualisierung eines relationalen Ausdrucks

Mit einfachen Worten ausgedrückt, wird bei diesem Algorithmus zunächst das kartesische Produkt aus allen betroffenen Tabellen gebildet, dann die in der WHERE-Bedingung angegebene Einschränkung darauf angewendet, um im Endschritt aus dieser Tabelle die gewünschten Spalten zu selektieren.

Dieser hier vorgestellte Algorithmus ist zwar sehr einfach, doch aufgrund seiner Ineffizienz für die Praxis unbrauchbar.

4.4.3 Optimierung durch frühzeitige Restriktion

Angenommen, die drei betroffenen Tabellen haben folgenden Umfang:

ARTIKEL: 10.000 Tupel
BESTELLUNGEN: 1.000 Tupel
KUNDEN: 500 Tupel

Es ergibt sich für die erste temporäre Tabelle (kartesisches Produkt von ARTIKEL und BESTELLUNGEN) 10.000 * 1.000 Tupel = 10.000.000 Tupel (10 Millionen). Die zweite temporäre Tabelle (kartesisches Produkt aus TempTab$_1$ und KUNDEN) hat sogar einen Umfang von 10 Millionen Tupel * 500 Tupel = 5.000.000.000 Tupel (5 Milliarden).

Die I/O-Zeit, die für das Schreiben und Lesen einer solchen Tabelle benötigt würde, läge bei einer Satzlänge von 200 Bytes, einer I/O-Blockgröße von 512 Bytes und einer I/O-Rate von 50 Blöcken pro Sekunde bei über einem Jahr.

Kapitel 4 Datenbankinternas und Performance 93

Bei der weiteren Annahme, daß von den 500 Kunden nur 50 einen Monitor bestellt haben, ergibt sich das folgende Tupeldiagramm:

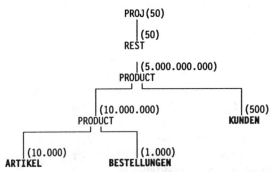

Abb. 4.10 Die nicht-optimierte Reihenfolge der rel. Operatoren hat eine temporäre Relation von 5 Milliarden Tupel zur Folge

Es ist klar erkennbar, daß durch Bildung des kartesischen Produkts aus den relativ kleinen Tabellen sehr große entstehen, die durch die Restriktion dann wieder kleiner werden.

Es ist also naheliegend, daß Tabellen, bevor sie durch ein kartesisches Produkt (und wie man später sehen wird auch durch den JOIN) verbunden werden, möglichst durch eine frühzeitige Restriktion verkleinert werden sollten. Durch Änderung der Abarbeitungsreihenfolge von PRODUCT und Rest läßt sich also folgende Verbesserung erreichen:

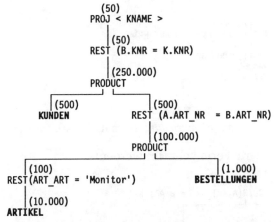

Abb. 4.11 Durch frühzeitige Restriktion können sehr große temporäre Relationen vermieden werden

94 Die Abarbeitung von SQL-Statements

Bei diesem Beispiel wurde angenommen, daß von den 10.000 Artikel 100 von der ART = 'MONITOR' sind. Weiter wurde hier angenommen, daß aus 'Rest (A.ART_NR = B.ART_NR)' 500 Tupel resultieren.

4.4.4 Optimierung durch JOIN

Auch bei dieser Art der Auswertung entstehen durch die Benutzung des kartesischen Produkts noch relativ große Zwischentabellen. Der Programmierer, der den SQL-Befehl formuliert hat, wollte eigentlich auch gar kein kartesisches Produkt bilden, sondern lediglich zwei Tabellen miteinander verbinden (joinen). Was ist also naheliegender, als direkt den relationalen Operator JOIN zu benutzen und dadurch das kartesische Produkt zu vermeiden?

Wie wir schon in Kapitel 2.4.7 gesehen haben, gleicht der relationale Ausdruck

REST(PRODUCT(rel$_1$,rel$_2$), rel$_1$.attr$_1$ = rel$_2$.attr$_1$)

funktionell dem **natürlichen Join**:

JOIN(rel$_1$, rel$_1$.attr$_1$ = rel$_2$.attr$_1$, rel$_2$)

Indem nun der Baum nach kartesischen Produkten, gefolgt von Restriktionen der Art rel$_1$.attr$_1$ = rel$_2$.attr$_1$, abgesucht wird, können diese durch Joins optimiert werden.

So kann also jeder Teilbaum der Art:

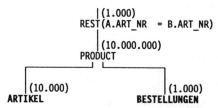

```
              |(1.000)
        REST(A.ART_NR = B.ART_NR)
              |(10.000.000)
            PRODUCT
       |                    |
       |(10.000)             |(1.000)
    ARTIKEL              BESTELLUNGEN
```

Abb. 4.12 Solche Teilbäume können durch einen JOIN ersetzt werden

in diese optimierte Form gebracht werden:

```
              |(1.000)
        JOIN(A.ART_NR = B.ART_NR)
       |                    |
       |(10.000)             |(1.000)
    ARTIKEL              BESTELLUNGEN
```

Abb. 4.13 Durch den JOIN wird das kartesische Produkt eliminiert

Man erspart sich schließlich durch die Realisierung des relationalen Operators JOIN das kartesische Produkt und somit die großen Zwischentabellen.

Hier der komplette, durch JOINs optimierte Baum:

```
                    |(50)
                 PROJ < KNAME >
                    |
                    |(50)
                 JOIN (K.KNR = B.KNR)
              ┌─────┴─────┐
          |(500)           |
         KUNDEN           (500)
                       JOIN (ART_NR = B.ART_NR)
                    ┌─────┴─────┐
               |(100)           |(1.000)
            REST (ART_ART = 'Monitor')   BESTELLUNGEN
               |
               |(10.000)
             ARTIKEL
```

Abb. 4.14 Der durch JOIN optimierte Query-Baum

und der gleiche, relationale Ausdruck:

```
PROJ(
    JOIN(
        JOIN(BESTELLUNGEN, ART_NR = ART_NR,
             REST(ARTIKEL, ART_ART = 'Monitor')),
        KNR = KNR,
        KUNDEN
    ),
    < KNAME >
)
```

4.4.5 Realisierung des JOIN

Wie wir im letzten Kapitel gesehen haben, wird durch Einsatz des relationalen Operators **JOIN**, der zwei Tabellen verknüpft, eine Optimierung des SELECT-Befehls erreicht. Da dies allerdings nur für den EQUI-JOIN bzw. für den NATURAL-JOIN gilt, wird im folgenden unter dem allgemeinen Begriff JOIN der EQUI-JOIN verstanden.

Nun gibt es je nach dem Vorhandensein von Keys und der Verteilung der Daten (Tabellengröße) mehrere Möglichkeiten, einen JOIN zu realisieren.

Diese sind im einzelnen:

- geschachtelte Schleifen,
- Sortieren-Mischen,
- Keyed Join.

Ein JOIN hat die Aufgabe, alle Tupel zweier Tabellen zu finden, deren bestimmte Attributwerte gleich sind, und diese zu einer neuen Tabelle zu vereinigen.

Im folgenden werden hier Unterprogramme benutzt, die in einer Pascal-ähnlichen Sprache codiert sind, um die Algorithmen der drei Arten von Join's zu erklären. Die Eingabeparameter einer solchen Join-Prozedur sind die zwei Tabellen Tab1 und Tab2, die gejoint werden sollen, sowie die Join-Attribute (Spalten). Ausgabe der Prozedur ist die Ergebnistabelle Tab3. Eingabeparameter werden durch das Symbol ↓ gekennzeichnet, Ausgabeparameter durch das Symbol ↑.

Join mit Hilfe geschachtelter Schleifen

Bei dieser Methode werden in einer äußeren Schleife alle Tupel der ersten Tabelle gelesen. Pro gelesenem Tupel werden in einer inneren Schleife dann alle Tupel der zweiten Tabelle gelesen und geprüft, ob die Join-Bedingung erfüllt ist. Wenn ja, dann werden die beiden aktuellen Tupel der inneren und der äußeren Schleife in die Ergebnistabelle geschrieben.

```
PROCEDURE LoopJoin
        (↓Tab1, ↓Tab2, ↓JoinAttr1, ↓JoinAttr2, ↑Tab3);
    VAR Tupel1, Tupel2;
BEGIN
    Open(Tab1); Open(Tab3);

    WHILE NOT EOF(Tab1) DO
    BEGIN
        Read(Tab1, Tupel1);
        Open(Tab2);
        WHILE NOT EOF(Tab2) DO
        BEGIN
            Read(Tab2, Tupel2);
            IF JoinAttr1 = JoinAttr2 THEN
                Write(Tab3, Tupel1, Tupel2);
        END;
        Close(Tab2);
    END;

    Close(Tab1);
END;
```

Abb. 4.15 Vereinfachter Algorithmus zum Bilden des JOINs durch Lesen in geschachtelten Schleifen

Im geschachtelten Schleifen-Verfahren mit den zwei Tabellen BESTELLUNGEN (1.000 Tupel) und ARTIKEL (10.000 Tupel) werden 1.000 * 10.000 Leseoperationen und unter der Annahme, daß jede ART_NR aus der Tabelle BESTELLUNG nur genau einmal in der Tabelle ARTIKEL vorhanden ist, 1.000 Schreiboperationen ausgeführt. Dies hat einen Gesamtaufwand von 10.001.000 I/O's zur Folge.

Diese Art des Joins ist somit nur bei sehr kleinen Tabellen empfehlenswert.

Join durch Sortieren und Mischen

Eine weitere Art, den Join zu implementieren, ist der folgende Algorithmus:

a) Sortiere beide Relationen nach den Join-Attributen.

b) Mische die beiden Relationen ineinander und selektiere dabei die gleichen Tupel.

```
PROCEDURE SortMergeJoin
         (↓Tab1, ↓Tab2, ↓JoinAttr1, ↓JoinAttr2, ↑Tab3);
   VAR Tupel1, Tupel2;
BEGIN
   Sort(Tab1, JoinAttr1);
   Sort(Tab2, JoinAttr2);
   Open(Tab1); Open(Tab2); Open(Tab3);
   Read(Tab1,Tupel1);
   Read(Tab2,Tupel2);

   WHILE NOT EOF(Tab1) AND NOT EOF(Tab2) DO
   BEGIN
      IF    JoinAttr1 < JoinAttr2 THEN
         Read(Tab1,Tupel1);
      ELSIF JoinAttr1 > JoinAttr2 THEN
         Read(Tab2,Tupel2);
      ELSIF JoinAttr1 = JoinAttr2 THEN
      BEGIN
         Write(Tab3, Tupel1, Tupel2);
         Read(Tab1,Tupel1);
         Read(Tab2,Tupel2);
      END;
   END;

   Close(Tab1); Close(Tab2); Close(Tab3)
END;
```

Abb. 4.16 Vereinfachter Algorithmus zum Bilden des JOINs durch Sortieren und Mischen

Dies ist nur ein vereinfachter Algorithmus, da bei JoinAttr1 = JoinAttr2 nicht nur diese zwei Tupel in die Ergebnistabelle (TAB3) aufgenommen werden dürfen, sondern, falls mehrere Tupel mit den gleichen Join-

Attributen folgen, das kartesische Produkt dieser Tupel gebildet werden muß (z.B. nach dem geschachtelte-Schleifen Verfahren).

Wenn man den Aufwand des Sortierens außer acht läßt, werden in dem Sort-Merge-Verfahren mit den zwei Relationen BESTELLUNGEN (1.000 Tupel) und ARTIKEL (10.000 Tupel) nur 1.000 + 10.000, also 11.000 Leseoperationen ausgeführt.

Join durch Ausnutzung von Keys

Dieses dritte Verfahren ist nur anwendbar, wenn auf einem der Join-Attribute ein Key definiert ist, über den direkt auf ein Tupel zugegriffen werden kann. In seiner Logik entspricht er dem geschachtelten-Schleifen-Verfahren, mit dem Unterschied, daß man durch einen direkten Zugriff auf die zweite Relation die innere Schleife erspart.

```
PROCEDURE KeyedJoin
        (↓Tab1, ↓Tab2, ↓JoinAttr1, ↓JoinAttr2, ↑Tab3);
   VAR Tupel1, Tupel2;
BEGIN
   Open(Tab1); Open(Tab2); Open(Tab3);

   WHILE NOT EOF(Tab1) DO
   BEGIN
      Read(Tab1, Tupel1);
      KeyRead(Tab2, JoinAttr1, Tupel2);
      IF ReadOK THEN Write(Tab3, Tupel1, Tupel2);
   END;

   Close(Tab1); Close(Tab2); Close(Tab3);
END;
```

Abb. 4.17 Vereinfachter Algorithmus zum Bilden des JOINs durch Benutzen von Keys

Bei diesem Algorithmus ist es wichtig zu wissen, auf welcher Tabelle ein Key definiert ist. Nur diese Tabelle kann im Inneren der Leseschleife liegen.

Falls auf beiden Tabellen ein Key auf den Join-Attributen definiert ist (und das ist in der Praxis meist der Fall), ist es unbedingt notwendig, die kleinere Tabelle sequentiell in der äußeren Schleife zu lesen, wie die folgende Tabelle zeigt:

Kapitel 4 Datenbankinternas und Performance

	Seq. Lese-operationen	Dir. Lese-operationen	Summe
Kleine Tabelle (100 Tupels) in der äußeren Schleife und große Tabelle (100.000 Tupel) in der Schleife lesen	100	100	200
Große Tabelle (100.000 Tup.) in der äußeren Schleife und kleine Tabelle (100 Tupel) in der Schleife lesen	100.000	100.000	200.000

Abb. 4.18 Gegenüberstellung von Lesen der großen Tabelle in der äußeren und in der inneren Schleife

Da der Fall, daß auf **beiden** JOIN-Attributen ein Key vorhanden ist, in der Praxis sehr häufig vorkommt und man leicht erkennen kann, daß die Tabelle, die in der äußeren Schleife gelesen wird, einen entscheidenden Einfluß auf die gesamte Performance des JOIN's hat, ist es sehr wichtig für den Query-Optimierer, nicht nur über das Vorhandensein von Key's informiert zu sein, sondern auch zu wissen, wie groß[8] die betroffenen Tabellen sind.

Die Information wie groß eine Tabelle ist, ist eine Mindestvoraussetzung für einen maschinellen Query-Optimierer.

Somit gibt es eine relativ einfache Möglichkeit, die Qualität des Optimierers eines relationalen Datenbanksystems zu prüfen: Man sieht in den Systemtabellen nach, welche Informationen dort über die Größe der Tabellen festgehalten werden.

Zusammenfassung

Das RDBMS besitzt drei Möglichkeiten, zwei Tabellen zu joinen:

- Join mit Hilfe geschachtelter Schleifen,
- Join durch Sortieren und Mischen,
- Join durch Ausnutzung von Keys.

Wann welches Verfahren angewendet wird, ist vom jeweiligen RDBMS und von Keys, die auf JOIN-Attributen definiert sind, abhängig.

---

[8] Mit Größe einer Tabelle ist hier nicht nur die Anzahl der Tupel gemeint. Wichtig ist für den Query-Optimierer auch die Größe der Tabelle in I/O-Pages. Die Anzahl der Tupels ist jedoch auch sehr wichtig, da mit ihrer Hilfe die Ergebnismenge bei JOINS grob geschätzt werden kann.

Der Join mit Hilfe geschachtelter Schleifen ist am ineffizientesten und wird oft nur bei kleinen Tabellen benutzt, die durch vorherige Operationen schon in den Hauptspeicher gelesen worden sind. Durch diesen Algorithmus wird meist das kartesische Produkt implementiert.

Der Sort-Merge-JOIN ist, falls die Tabellen schon in sortierter Reihenfolge vorliegen und die Ergebnismenge des JOINS relativ groß ist, performancemäßig allen anderen JOIN-Verfahren überlegen [Merrett 83] [9]. Diese Art der Join-Methode kann auch genutzt werden, wenn auf beiden Join-Attributen ein B-Baum-Index definiert ist, über die die Tabellen in sortierter Reihenfolge gelesen werden können. Um ihn für den Datenbank-Anwender verfügbar zu machen, ist es vorteilhaft, eine Speicherstruktur HEAP-SORT (INGRES) einzuführen. Diese Speicherstruktur sortiert eine Tabelle nach vorgegebenen Attributen.

Der Sort-Merge-JOIN wird auch dann sehr effektiv eingesetzt, wenn in Queries mit vielen temporären Zwischentabellen, die durch andere Joins entstanden sind und dadurch schon in sortierter Form vorliegen, weiter verbunden werden müssen.

Der Join durch Ausnutzung von Keys setzt das Vorhandensein solcher Keys voraus. Da allerdings oft auf beiden Tabellen ein Key liegt und nur ein Key benutzt werden kann, benötigt der Optimierer weitere Informationen, wie z.B. die Größe der Tabellen, um abzuschätzen, welche Tabelle sequentiell gelesen werden soll und bei welcher Tabelle der Key benutzt wird. Bei manchen Datenbanksystemen wird dem Programmierer die Entscheidung überlassen, von welcher Tabelle der Key benutzt werden soll, der dann im FROM-Teil des SELECT-Befehls die Tabellen in der richtigen Reihenfolge aufzuführen hat.

4.4.6 Der Query-Optimierer

Wie schon in den vorherigen Kapiteln erläutert, ermöglicht eine nichtprozedurale Sprache wie SQL, bei der der Programmierer offenläßt, wie das gewünschte Ergebnis erreicht wird, das automatische Optimieren einer Anweisung. Ein guter Optimierer ermittelt immer den optimalen Querybaum unabhängig davon, wie die Query formuliert wurde. Er formt z.B. den Befehl

```
SELECT A.X
FROM   A
WHERE  A.X IN (SELECT B.X FROM B WHERE B.X = 1)
```

---

[9] Die meisten relationalen Datenbanksysteme kennen keinen SORT-Merge-JOIN.

in den äquivalenten Ausdruck

```
SELECT A.X
FROM A,B
WHERE A.X = B.X
  AND B.X = 1
```

um, der wiederum äquivalent zu diesem Ausdruck ist:

```
SELECT A.X
FROM A,B
WHERE A.X = B.X
  AND A.X = 1
  AND B.X = 1
```

Diese oben aufgeführte Umformung wird **Query-Flatering** genannt. Abhängig davon, wie die Query formuliert wurde, wird der Tabellenausdruck (primär die WHERE-Bedingung) von einem Query-Umformer nach redundanten Bedingungen abgesucht und nach den folgenden Regeln vereinfacht [Koch 85]:

a) Kommutativ-Gesetze:

$$pred_1 \text{ OR } pred_2 \longleftrightarrow pred_2 \text{ OR } pred_1$$

$$pred_1 \text{ AND } pred_2 \longleftrightarrow pred_2 \text{ AND } pred_1$$

b) Assoziativ-Gesetze:

$$(pred_1 \text{ OR } pred_2) \text{ OR } pred_3 \longleftrightarrow pred_1 \text{ OR } (pred_2 \text{ OR } pred_3)$$

$$(pred_1 \text{ AND } pred_2) \text{ AND } pred_3 \longleftrightarrow pred_1 \text{ AND } (pred_2 \text{ AND } pred_3)$$

c) Distributiv-Gesetze:

$$pred_1 \text{ OR } (pred_2 \text{ AND } pred_3) \longleftrightarrow (pred_1 \text{ OR } pred_2) \text{ AND } (pred_1 \text{ OR } pred_3)$$

$$pred_1 \text{ AND } (pred_2 \text{ OR } pred_3) \longleftrightarrow (pred_1 \text{ AND } pred_2) \text{ OR } (pred_1 \text{ AND } pred_3)$$

d) Idempotenz:

$$pred \text{ OR } pred \longleftrightarrow pred$$

$$pred \text{ AND } pred \longleftrightarrow pred$$

e) Satz vom ausgeschlossenen Dritten:

   pred OR NOT pred ⟷ TRUE

f) Kontradiktion:

   pred AND NOT pred ⟷ FALSE

g) Absorbtionsgesetze:

   $pred_1$ AND ($pred_1$ OR $pred_2$) ⟷ $pred_1$

   $pred_1$ OR ($pred_1$ AND $pred_2$) ⟷ $pred_1$

h) Verknüpfungen mit TRUE oder FALSE:

   pred OR FALSE ⟷ pred

   pred AND TRUE ⟷ pred

   pred OR TRUE ⟷ TRUE

   pred AND FALSE ⟷ FALSE

i) De Morgan'sche Gesetze:

   NOT ($pred_1$ AND $pred_2$) ⟷ NOT $pred_1$ OR NOT $pred_2$

   NOT ($pred_1$ OR $pred_2$) ⟷ NOT $pred_1$ AND NOT $pred_2$

j) Doppelte Verneinung:

   NOT (NOT pred) ⟷ pred.

Die Vereinfachung der Query durch diese Regeln ist in der Praxis schon deswegen sehr effektiv, da aufgrund von SELECTS über VIEWS oder andere Datenbanktools wie QBE u.ä. automatisch Queries generiert werden, die sehr viel Redundanzen aufweisen.

Der Query-Optimierer kann dann in einem zweiten Schritt, aufgrund von Informationen über:

- das Vorhandensein von Keys,
- Größe und Auslastung des Hauptspeichers,
- die Geschwindigkeit der CPU und der Platten,
- sowie mit Hilfe von Informationen über die Verteilung der Daten in einer Tabelle

ermitteln, welcher relationale Operator in welcher Reihenfolge ausgeführt werden soll, welche Keys benutzt werden und welche Join-Art am effektivsten ist.

4.4.7 Testen der Qualität des Query-Optimierers

An dieser Stelle sollen keine Performancetests von Datenbanksystemen vorgestellt werden. Es werden lediglich ein paar einfache SQL-Befehle aufgeführt, die die Qualität des Query-Optimierers aufzeigen.

Die meisten professionellen relationalen Datenbanksysteme bieten die Möglichkeit, sich die Query-Execution-Pläne für einen SQL-Befehl anzeigen zu lassen. Um die Qualität eines Query-Optimierers zu verifizieren, ist es ratsam, sich die erzeugten Query-Execution-Pläne für die folgenden SQL-Befehle näher anzusehen.

Testvorbereitung: Erzeugen einer großen und einer kleinen Tabelle

Für unseren Optimierer-Test kreieren wir zunächst eine Tabelle mit einer Spalte vom Typ INTEGER:

```
CREATE TABLE klein (k INTEGER)
```

Diese Tabelle wird dann mit den Zahlen 0–9 gefüllt:

```
INSERT INTO klein (k) VALUES (0)
INSERT INTO klein (k) VALUES (1)
INSERT INTO klein (k) VALUES (2)
INSERT INTO klein (k) VALUES (3)
INSERT INTO klein (k) VALUES (4)
INSERT INTO klein (k) VALUES (5)
INSERT INTO klein (k) VALUES (6)
INSERT INTO klein (k) VALUES (7)
INSERT INTO klein (k) VALUES (8)
INSERT INTO klein (k) VALUES (9)
```

Nun kreieren wir eine zweite Tabelle 'gross'.

```
CREATE TABLE gross (g INTEGER)
```

Hier nun ein recht interessanter INSERT-SELECT. Er füllt die Tabelle 'gross' mit 100.000 Tupels durch mehrmaliges Bilden des kartesischen Produkts der Tabelle klein mit sich selbst:

```
INSERT INTO gross
SELECT k1.k*10000+k2.k*1000+k3.k*100+k4.k*10+k5.k
FROM klein k1, klein k2, klein k3, klein k4, klein k5
```

Zum Abschluß definieren wir auf **beide** Tabellen einen Index:

```
CREATE INDEX ix_klein ON klein(k)

CREATE INDEX ix_gross ON gross(g)
```

Die beiden Tabellen haben jetzt folgenden Inhalt:

klein

k
0
1
2
3
4
5
6
7
8
9

gross

g
0
1
2
3
4
5
6
7
8
9
10
11
.
.
.
99998
99999

Test 1   **Prüfen auf optimalen JOIN**

Die folgenden SELECT's unterscheiden sich nur durch unterschiedliche Reihenfolge der Tables in der FROM-Klausel bzw. Vertauschen der Attribute in der WHERE-Klausel. Der Optimierer sollte, unabhängig davon, wie die Query formuliert wird, immer mit der gleichen optimalen Geschwindigkeit das Ergebnis der Queries errechnen:

Kapitel 4 Datenbankinternas und Performance

SELECT * T1-1 FROM gross, klein WHERE g = k	SELECT * T1-2 FROM klein, gross WHERE g = k
SELECT * T1-3 FROM gross, klein WHERE k = g	SELECT * T1-4 FROM klein, gross WHERE k = g

Abb. 4.19 Select zum Prüfen auf optimalen Inner-Outer-Loop-JOIN

Jeder einzelne SELECT dürfte nur kurz dauern, da lediglich 10 Keyed-Zugriffe benötigt werden, um die Ergebnismenge von 10 Tupels zu errechnen. Um die Verarbeitungszeit der SELECT's zu ermitteln, sollte ein Timer eingeschaltet werden.

Test 2 **Optimieren über SUB-SELECTS hinweg**

Besonders schwierig ist es für alle Optimierer, eine Optimierung über einen SUB-SELECT hinweg vorzunehmen.

SELECT * T2-1
FROM   gross
WHERE   g IN
  (SELECT k
    FROM   klein
    WHERE k = g
)
	SELECT * T2-2
	FROM klein
	WHERE k IN
	  (SELECT g)
	    FROM gross
	    WHERE k = g
	  )

SELECT * T2-3
FROM   gross
WHERE   EXISTS
  (SELECT *
    FROM   klein
    WHERE k = g
)
	SELECT * T2-4
	FROM klein
	WHERE EXISTS
	  (SELECT *
	    FROM gross
	    WHERE k = g
	  )

Abb. 4.20 Mehrere Variationen von Sub-Selects

Tests mit diesen SELECTs haben bei den verbreitetsten relationalen Datenbanksystemen DB2, INGRES und ORACLE Laufzeiten zwischen wenigen Sekunden und 20 Minuten ergeben!

Es sei an dieser Stelle noch einmal darauf hingewiesen, daß mit diesen Queries kein umfassender Datenbank-Performancetest durchgeführt werden kann. Mit diesen SELECTs kann lediglich die Qualität des Optimierers untersucht werden.

4.5 Datenbank-Rechner

Schon seit einigen Jahren sind **Datenbank-Rechner** bei allen großen Hardwareherstellern ein Gesprächsthema. Allerdings ist ein Datenbank-Rechner nicht nur ein ganz normaler Rechner mit ein oder mehreren CPU's, Hauptspeicher und Plattenlaufwerken, der mit Hilfe der Betriebssystemparameter hinsichtlich seines Aufgabengebiets optimal eingestellt wird.

Unter einem Datenbank-Rechner versteht man eine Hardware, die speziell nach den Anforderungen eines relationalen Datenbanksystems konzipiert wurde. Ein solcher Datenbank-Rechner ist meist ein dedizierter Rechner, der nur die Aufgabe hat, die Zugriffe auf die Daten möglichst effektiv durchzuführen (**Backend**). Dieser Rechner ist durch ein **LAN** (Local Area Network) mit einem anderen Rechner (**Frontend**) verbunden, an den die Terminals angeschlossen sind:

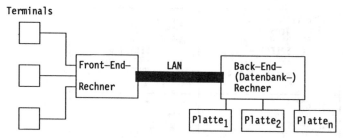

Abb. 4.21 *Dedizierter Datenbankrechner, durch ein LAN mit einem Front-End-Rechner verbunden*

Auf dem Frontend-Rechner läuft das Anwendungsprogramm. Dieses sendet eine Bildschirmmaske zum Terminal. Der Anwender kann mit Unterstützung dieses Anwendungsprogramms und des Maskensystems bestimmte lokale Interaktionen am Bildschirm durchführen. Sobald Daten von der Datenbank benötigt werden, sendet dieses Frontend-Programm einen SQL-Befehl an den Backend-Rechner. Dort wird der SQL-Befehl von einem Backend-Programm in Empfang genommen und ausgeführt. Die Ergebnisdaten (SELECT-Ergebnisse oder Statusmeldungen eines UPDATE-Befehls) werden zurück an den Frontend-Rechner gesendet und dort auf dem Bildschirm angezeigt.

Durch diese Trennung des Programms in einen Frontend-Teil, der den Bildschirm bedient, und einen Backend-Teil, der die eigentlichen Zugriffe auf die Daten durchführt, wird eine beachtliche Performancesteigerung dadurch erzielt, daß jeder Rechner eine für seine individuellen Bedürfnisse optimale Hardware-Architektur besitzt.

Im folgenden werden wir näher auf die Hardware-Architekturen solcher Backend-Rechner eingehen.

Man unterscheidet in Verbindung mit Datenbanken zwei Anwendungsarten, die bezüglich ihrer Anforderungen an die Hardware grundsätzlich verschieden sind:

OLTP Online-Transaction-Processing:
hierunter fallen Online-Anwendungen, die einfache SQL-Befehle beinhalten. Diese sind sehr transaktionsorientiert, d.h. der Anwender füllt eine Eingabemaske aus und in einer einzigen Transaktion werden durch einfache UPDATE- bzw. INSERT-Befehle Tabellen aktualisiert.

Solche Anwendungen sind vor allem in Reservierungssystemen von Fluggesellschaften oder bei automatischen Bankschaltern zu finden. Oft fallen bei solchen Anwendungen einige hundert Transaktionen pro Sekunde (Tps) an. Nicht selten wird dabei gefordert, daß die Antwortzeit einer solchen Transaktion unter einer Sekunde liegen muß.

QP Query-Processing:
hierunter fallen Anwendungen, die sehr komplexe Queries beinhalten. Dies sind entweder Online-Anwendungen, die sehr viele und/oder sehr große Tabellen auswerten, oder aber langlaufende Batch-Anwendungen wie z.B. größere Reports.[10]

Für große OLTP-Anwendungen mit mehreren Hunderten bis Tausenden von angeschlossenen Terminals, bei denen es darauf ankommt, innerhalb einer Sekunde möglichst viele einfache **Transaktionen** (SQL-Befehle) abzuarbeiten, ist eine Frontend-Backend-Trennung der Hardware nicht ratsam. Durch den zusätzlichen Overhead der Komunikationssoftware und die physischen Grenzen in der Übertragungsgeschwindigkeit des LAN's, wird die Anwendung meist langsamer.

Wie schon aus dem Kapitel 4.4.5 ersichtlich ist, benötigt ein relationales Datenbanksystem zumindest einen relativ großen Hauptspeicher, um

---

[10] Bekannte Datenbank-Benchmarks wie Debit/Credit (= ET1) und TP1 zielen nur auf OLTP-Anwendungen ab. Dadurch schneiden manchmal ungerechtfertigterweise Datenbanksysteme mit sehr schwachen Query-Optimierern besser ab. Es gibt allerdings auch einen Benchmark, der sich ET7 nennt und BATCH orientiert ist. Der Debit/Credit Benchmark wird z.Z. von einem Hersteller-Konsortium restriktiver formuliert und wird sich dann TPC-A nennen.

bei Joins möglichst wenig Daten auf Platte auslagern zu müssen. Außerdem können nur so die bei der Abarbeitung von komplexen Queries entstehenden Zwischentabellen im I/O-Cache gehalten werden. Allerdings gibt es selbst bei ausreichendem Hauptspeicher eventuell I/O-Probleme, wenn viele Tabellen-Updates viele **Buffer-Flushes** (das Schreiben des I/O-Caches auf die Platte) erzwingen.

Zum anderen darf auch die benötigte CPU-Belastung, die bei einem relationalen Datenbanksystem größer ist als bei hierarchischen und Netzwerk-Datenbanken, nicht unterschätzt werden. Die Kosten für eine CPU steigt nicht linear mit der Leistung der CPU. So kostet ein Mikroprozessor, der etwa 5 MIPS[11] leistet, etwa 100,- DM. Ein Prozessor, der 100 MIPS leistet, kostet nicht zwanzig mal soviel, also 2000,- DM, sondern weit über 500.000,- DM. Wenn die CPU-Leistung somit nicht in einem einzigen Prozessor benötigt wird, ist sie durch den Preisverfall der Mikroprozessoren heute relativ kostengünstig geworden. So gibt es mittlerweile einige Hersteller, die Mehrprozessorrechner auf Basis von Standard-Mikroprozessoren wie 80x86 anbieten.

Wenn der Hauptspeicher einige I/O-Probleme lösen kann, und relativ preiswerte CPU-Leistung zu bekommen ist, so fragt man sich natürlich, wieso es manchmal so schwierig ist, gute Performance zu bekommen.

Das Problem rührt daher, daß es nicht ausreicht, einen großen Hauptspeicher mit genügend vielen CPU's zu verbinden.

Dazu betrachten wir folgende Anordnung (z.B. **Sequent**):

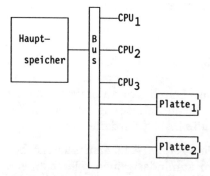

Abb. 4.22 Viele CPUs an einem Bus können bei Datenbankanwendungen zu Engpässen auf Bus und Hauptspeicher führen

---

[11] Million Instructions Per Second (Millionen Befehle pro Sekunde)

Falls bei einem solchen Parallelrechner alle CPU's auf den gleichen Hauptspeicher zugreifen, führt dies sehr schnell zu Engpässen im Hauptspeicher und auf dem Bus, über den alle Prozessoren mit dem Hauptspeicher kommunizieren. Auch wenn alle Prozessoren einen eigenen Hauptspeicher besitzen, kann es sehr schnell zu Kommunikationsproblemen zwischen den Prozessoren kommen. So ist bei der traditionellen Art, eine CPU mit dem Hauptspeicher zu verbinden, der sinnvollen Anzahl von Prozessoren (CPU's) eine physikalische Grenze gesetzt.

Diese Probleme führen zu der Idee, in einem Datenbankrechner folgende Hardwarephilosophie zu wählen:

- die Daten einer Tabelle werden über viele Platten verteilt,

- an jede Platte wird ein eigener, preiswerter Rechner (handelsüblicher Mikroprozessor) mit eigenem Hauptspeicher angeschlossen,

- alle »Unterrechner« arbeiten parallel an einer Query, indem jeder den Teil der Daten verarbeitet, der auf seiner Platte liegt,

- andere »Unterrechner« verknüpfen diese Unterergebnisse zu einem Endergebnis.

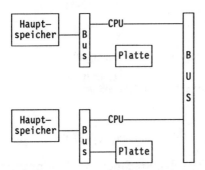

Abb. 4.23 In einem 'echten' Datenbankrechner arbeiten mehrere Unterrechner mit eigenen Platten parallel

Durch diese Art, Einzelrechner so zu verbinden, daß sie eine Query unabhängig voneinander parallel abarbeiten können, ist es möglich, fast beliebig viele solcher »Unterrechner« miteinander zu verbinden. (**Teradata** DBC/1012 max. 1000 Prozessoren mit je 2-4 MB Hauptspeicher). Besonders bei sehr aufwendigen, langlaufenden Queries bringt eine solche Hardwarearchitektur ein sehr gutes Preis-/Leistungsverhältnis.

110 Datenbank-Rechner

Auch die Rechner der Firma **Tandem** haben den Optimierer ihres relationalen Datenbanksystem **NonStop SQL** in der Art erweitert, daß er für eine einzelne Query mehrere Rechnerknoten eines Tandem-Rechnernetzes parallel nutzen kann. Ein weiteres nennenswertes Projekt ist **PDQ** (Parallel-Database-Query) das die Firma INGRES zusammen mit der Firma Sequent durchführt. Ziel dieses Projektes ist es, das DBMS INGRES in der Art zu erweitern, daß es bei der Abarbeitung einer Query mehrere Prozessoren des SEQUENT-Rechners nutzen kann.

Zum besseren Verständnis hier noch einmal die Query von Kapitel 4.4.2:

Welche Kunden haben einen Monitor bestellt?

```
SELECT  K.KNAME
FROM    ARTIKEL A, BESTELLUNGEN B, KUNDEN K
WHERE   A.ART_NR   = B.ART_NR
AND     B.KNR      = K.KNR
AND     A.ART_ART = 'Monitor'
```

Der dazugehörige optimierte Query-Baum sieht folgendermaßen aus:

```
              |(50)
           PROJ < KNAME >
              |(50)
           JOIN (K.KNR = B.KNR)
         ┌────┴────┐
      |(500)
      KUNDEN      |(500)
              JOIN (ART_NR = B.ART_NR)
            ┌────┴────┐
         |(100)              |(1.000)
      REST (ART_ART = 'Monitor')  BESTELLUNGEN
         |(10.000)
         ARTIKEL
```

Abb. 4.24 Der optimierte Querybaum für obige QUERY

In einem »echten« Datenbankrechner wird von CPU_1 die Tabelle ARTIKEL gelesen und die RESTRIKTION: Rest (ART_ART = 'Monitor') durchgeführt:

```
   |(100)
REST (ART_ART = 'Monitor')
   |(10.000)
ARTIKEL
```

Abb. 4.25 Ein Prozess liest die Tabelle ARTIKEL und führt eine Restriktion aus

Sobald das erste Tupel gefunden wurde, wird dieses der CPU_2 zugeführt. Diese benutzt die von CPU_1 gefundene ART_NR als Schlüssel für

Kapitel 4 Datenbankinternas und Performance

den Zugriff auf die Tabelle BESTELLUNGEN. So kann CPU_2 parallel zu CPU_1 einen JOIN durchführen.

```
                    |(500)
              JOIN (ART_NR = B.ART_NR)
         ┌───────────┘       └───────────┐
       ^(100)                          |(1.000)
                                     BESTELLUNGEN
```

Abb. 4.26 Ein zweiter Prozess JOINT die Records des ersten Prozesses mit der Tabelle BESTELLUNGEN

Die Ergebnisse, die CPU_2 ermittelt, werden Tupel für Tupel zu CPU_3 gesendet. Diese führt, parallel zu CPU_1 und CPU_2, durch Zugriff mit den von CPU_2 gefundenen Kundennummern auf Tabelle KUNDEN, den letzten Join und die Projektion auf das Attribut KNAME durch:

```
                    |(50)
                PROJ < KNAME >
                    |(50)
              JOIN (K.KNR = B.KNR)
         ┌───────────┘       └───────────┐
       |(500)                         |(500)
       KUNDEN                          ^
```

Abb. 4.27 Ein Prozess führt den letzten JOIN und die Projektion auf KNAME aus

Auf diese Art und Weise werden durch optimale Aufteilung der relationalen Operationen drei CPUs gleichzeitig beschäftigt.

Zusätzlich kann der Zugriff auf eine Tabelle noch dadurch beschleunigt werden, daß diese Tabelle auf mehrere Platten verteilt wird. So können mehrere CPUs parallel den Zugriff auf diese Tabelle durchführen:

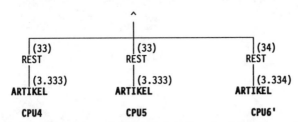

Abb. 4.28 Durch Verteilung einer Tabelle auf mehrere Platten kann eine Verbesserung der Perfomance um ein Vielfaches erreicht werden

So ist es möglich, durch Zufügen von Platten und CPUs mit relationalen Datenbanksystemen einen linearen Zuwachs an Performance zu erzielen.

4.6 Zusammenfassung

Nur bei nichtprozeduralen Sprachen ist der Rechner (Optimierer) in der Lage, in seiner Gesamtheit zu verstehen, was der Programmierer mit einem SQL-Befehl eigentlich ausdrücken will. Und nur dann kann er eine Query dadurch parallelisieren, daß er sie in Unterabfragen zerlegt. Solche Konzepte können nur bei Sprachen der vierten Generation angewendet werden. Die Probleme, die bei der manuellen Parallelprogrammierung oder der automatischen Parallelisierung von 3GL Programmen wie FORTRAN entstehen, sind hier nicht gegeben.

Durch intelligente Query-Optimierer und Hardwarearchitekturen, wie im obigen Kapitel gezeigt, können somit preiswerte Rechner aufgebaut werden, die das Vorurteil, daß relationale Datenbanken langsamer seien als hierachische oder Netzwerkdatenbanken, aus dem Wege räumen. Es ist allerdings bei der Auswahl von Datenbanksystemen zu beachten, daß zu modernen Datenbanksystemen auch geeignete, dem Stand der Technik entsprechende Hardware ausgewählt wird.

5

Recovery und Parallelverarbeitung

- Recovery

- Parallelverarbeitung

- Transaktionsverarbeitung unter SQL

- Performance in der Multiuser Umgebung

Im laufenden Betrieb eines Datenbanksystems sind Fehler, sei es durch Programmfehler, Stromausfall oder Fehler auf dem Speichermedium (Platte) unvermeidlich.

Nach einem Ausfall des ganzen Systems ist es erforderlich, die Daten des Datenbanksystems wieder in einen konsistenten Zustand zu überführen. Das bedeutet, in einen Zustand, ab dem die Programme wieder korrekt fortfahren können. Diese Wiederherstellung der Daten nennt man **Recovery**.

Da die meisten Datenbankanwendungen im Multiuser-Betrieb benutzt werden, d.h. mehrere Programme verarbeiten die Daten sowohl lesend als auch schreibend zur gleichen Zeit, kommt es, wenn nicht spezielle Vorkehrungen getroffen werden, zu **Concurrency Problemen**.

5.1 Recovery

Vor einigen Jahren, als man noch keine Datenbanksysteme einsetzte, sondern die Daten in Files abspeicherte, lieferten regelmäßige Kopierroutinen, die die Daten durch einfaches Kopieren auf ein anderes Speichermedium (üblicherweise auf Magnetbänder) sicherten, eine Rückfallversion. Falls dann Daten gelöscht oder zerstört wurden, kopierte man einfach diese Daten von der Sicherung zurück. Dieses Verfahren birgt allerdings einige Nachteile:

- die Recovery-Routinen können eine lange Zeit benötigen, in der die Anwender die Datenbank nicht benutzen können.

- durch die heutige Komplexität der Anwendungen und die durch die Normalisierung entstehende Streuung der Daten in viele Tabellen hat eine Datenbank manchmal Hunderte bis Tausende von Tabellen, die über viele Platten verteilt liegen. Bei der Zerstörung einer einzelnen Tabelle müssen in der Regel alle logisch zusammmenhängenden Tabellen mit zurückgespeichert werden. Welche Tabellen davon allerdings betroffen sind, ist in der Praxis normalerweise nicht feststellbar. So müssen oft alle Daten der Datenbank zurückgespeichert werden.

Mit der Entwicklung der Datenbanksysteme, also schon bevor man von relationalen Datenbanken sprach, haben sich Verfahren durchgesetzt, die diese Probleme besser lösen.

5.1.1 Logging

Eine **Log-Datei**, in manchen Datenbanksystemen auch **Journal-Datei** genannt, ist eine Datei, in der alle Datenänderungen protokolliert werden. Alle professionellen Datenbanksysteme stellen Werkzeuge zur Verfügung, die es ermöglichen, eine solche Log-Datei zu führen. Wenn ein Datenfeld geändert wird, wird der Zustand des Datensatzes **vor** der Änderung (**Before Image**), und/oder der Zustand des Datensatzes **nach** der Änderung (**After Image**) in diese Log-Datei geschrieben. Zusätzlich werden meist folgende Informationen mit festgehalten:

- Datum und Zeit der Änderung,
- die Benutzer- und Programmkennung und
- die Adresse des Datensatzes auf der Platte (TID).

Mit Hilfe einer solchen Log-Datei ist es möglich, die Datenbank nach einer Rücksicherung von Sicherungsbändern, auf die zum Zeitpunkt T1 die Daten gesichert wurden, bis zu einem exakten Zeitpunkt T2 (der vor dem Zeitpunkt der Datenzerstörung = T3 liegt) vorzufahren:

Abb. 5.1   *Zum Zeitpunkt T3 wurden Daten auf der Platte zerstört. Die Datenbank kann mit Hilfe der LOG-Datei vom Zeitpunkt der Datenbank-Sicherung T1 bis zum Zeitpunkt T2 »vorgefahren« werden*

Die Datenbank ist sowohl beim Zurückspeichern der Komplettsicherung als auch beim Vorfahren durch die LOG-Datei für den Datenbankanwender nicht verfügbar. Danach befindet sich die Datenbank im gleichen Zustand, den sie zum Zeitpunkt T2 hatte. Die Änderungen, die zwischen den Zeitpunkten T2 und T3 auf der Datenbank durchgeführt wurden, gehen hierbei verloren.

5.1.2 Transaktion

Eine **Transaktion** ist eine Einheit von Datenbankänderungen eines Programms. Diese wird atomar, oder auch unteilbar, genannt, was bedeuten soll, daß eine Transaktion entweder ganz oder gar nicht ausgeführt wird. Eine solche Datenbankänderung ist entweder ein INSERT, DELETE oder der UPDATE eines Tupels (Records).

Kapitel 5 Recovery und Parallelverarbeitung 117

Ein Programm, das 200 DM von Konto 1 auf Konto 2 umbucht, könnte folgendermaßen aussehen:

a) Der Anwender trägt die Kontonummer VonKto und NachKto auf einer Bildschirmmaske ein; das Programm liest die Kontodaten aus der Datenbank und zeigt diese an:

READ(VonKto, NachKto, Betrag);

b) Der Anwender trägt den Umbuchungsbetrag von 200 DM auf der Bildschirmmaske ein.

c) Das Anwendungsprogramm ändert die Daten in der Tabelle Konto durch **zwei** Updates:

UPDATE Konto
SET   Kontostand = Kontostand - Betrag
WHERE Kontonr = VonKto

UPDATE Konto
SET   Kontostand = Kontostand + Betrag
WHERE Kontonr = NachKto

Um zu verhindern, daß der Inhalt der Tabelle Konto **inkonsistent** wird, ist es unbedingt notwendig, daß entweder immer beide UPDATEs oder keiner der beiden UPDATEs ausgeführt werden.

Wenn während der Ausführung der beiden UPDATE-Operationen zu irgend einem Zeitpunkt eine Störung des Rechners auftreten würde, so muß das DBMS die Datenbank automatisch auf den Stand vor dem Ändern der Daten zurückstellen, also **alle** Aktivitäten der Transaktion rückgängig machen.

Allerdings muß das DBMS wissen, zu welchem Zeitpunkt sich die Datenbank in einem konsistenten Zustand befunden hat.

Dazu dienen die SQL-Anweisungen **COMMIT WORK** und **ROLLBACK WORK**, die dem DBMS mitteilen, daß die bisher abgesetzten Änderungen unabdingbar in die Datenbank übernommen (COMMIT WORK) bzw. rückgängig (ROLLBACK WORK) gemacht werden sollen.

Um eine bessere Programmlogik für das Beispielprogramm zu bekommen, führen wir hier die Variable DBSTATUS ein, über die das DBMS mitteilt, ob der letzte SQL-Befehl ohne Fehler ausgeführt werden konnte.

Das Überweisungsprogramm muß somit folgendermaßen aussehen:
READ(VonKto, NachKto, Betrag);

```
UPDATE Konto
SET    Kontostand = Kontostand - Betrag
WHERE  Kontonr = VonKto


IF DBSTATUS <> OK THEN ROLLBACK WORK
ELSE
BEGIN
  UPDATE Konto
  SET    Kontostand = Kontostand + Betrag
  WHERE  Kontonr = NachKto;

  IF DBSTATUS <> OK THEN ROLLBACK WORK
  ELSE COMMIT WORK
END
```

Indem der logische Programmablauf[1] durch COMMIT WORK in Teilabschnitte zerlegt wird, auf deren Anfang bei Bedarf zurückgesetzt werden kann, ist die Datenbank immer in einem konsistenten Zustand.

Automatisches COMMIT, ROLLBACK

Nicht nur die Programme setzen ein COMMIT WORK bzw. ein ROLLBACK WORK ab. Sowohl beim Start als auch am Ende eines Programms führt das DBMS selbständig ein COMMIT WORK aus.

Um zu gewährleisten, daß eine Transaktion die kleinste Einheit einer Datenbankänderung ist, wird bei jedem »unnormalen Beenden«, also beim Abbruch eines Programms, automatisch ein ROLLBACK WORK durchgeführt.

Intern zerfällt die Abarbeitung eines einzelnen UPDATE Befehls in mehrere Schritte:

- Suchen der betroffenen Tupelmenge, die durch die WHERE-Klausel eingeschränkt wurde, und »Merken« der TID's.

---

[1] Unter logischem Programmablauf wird die tatsächliche Reihenfolge der abgearbeiteten Programmzeilen verstanden, die sich in der Regel von der Reihenfolge der Programmzeilen im Quellprogramm, aufgrund von Programmschleifen, GOTOs und Unterprogrammen, unterscheidet.

- Für jede TID: Lesen der alten Attributwerte in den Hauptspeicher, Berechnen der neuen Attributwerte, Zurückschreiben der neuen Attributwerte.

Da es auch innerhalb der Abarbeitung eines UPDATE-Befehls zu einem Programmabbruch kommen kann, ist eine Transaktion, auch ohne daß der Programmierer dies explizit durch ROLLBACK oder COMMIT programmiert, mindestens so groß wie ein einzelner SQL-Befehl. Das DBMS stellt also automatisch die Konsistenz der Datenbank sicher, falls es mitten in der Ausführung eines INSERT, UPDATE oder DELETE-Befehls zu einem Programmabbruch kommt, indem es die bis zu diesem Zeitpunkt durchgeführten Änderungen innerhalb des SQL-Befehls ungeschehen macht.

5.1.3 Transaktionsabbrüche

In großen Datenbanken, bei denen mehrere hundert Transaktionen pro Sekunde ausgeführt werden, sind Transaktionsabbrüche an der Tagesordnung. Solche Abbrüche sind entweder lokaler Natur, wenn nur eine Transaktion betroffen ist oder sie sind global, wenn mehrere Transaktionen betroffen sind.

Die Ursache für lokale Abbrüche sind z.B:

- Arithmetik Fehler (Division durch Null o.ä.)
- Abbrechen (Canceln) eines Programms von außen
- Deadlocks (siehe Kapitel 5.2.3)
- Laufzeitfehler, die durch unsaubere Programmierung entstehen, wie Indexüberlauf, Erreichen des End-of-Files usw.

Globale Abbrüche, die mehrere Transaktionen betreffen, entstehen z.B. durch:

- Hardwarefehler in CPU, BUS, I/O-Kanälen usw.
- Plattencrashs, Plattenüberlauf
- Stromausfälle
- Programmfehler im Datenbanksystem

5.1.4 ROLLBACK (Undo) Logik

Alle datenändernden Datenbankoperationen werden in einer LOG-Datei protokolliert. Außerdem werden in dieser Datei die transaktionsabgrenzenden Befehle wie COMMIT und ROLLBACK festgehalten. Das Datenbanksystem führt ein ROLLBACK aus, indem es diese LOG-Datei rückwärts abarbeitet, bis es auf den Anfang der Transaktion stößt. Dabei ist zu beachten, daß dieses ROLLBACK selbst eine Transaktion ist, die auch abbrechen kann. Das ROLLBACK muß also selbst ROLLBACK-fähig sein usw. Es muß auf jeden Fall sichergestellt sein, daß egal wieviele ROLLBACK das vom Programm verlangte ROLLBACK (also auf Level 1 geforderte) erfährt, zu guterletzt das eigentliche ROLLBACK durchgeführt wird.

5.2 Parallelverarbeitung

Die im vorherigen Kapitel definierte Einheit der Transaktion wird nur dann korrekt abgearbeitet, wenn diese Transaktion ungestört (alleine) auf der Datenbank arbeitet.

Hierzu ein einführendes Beispiel:

Zwei Transaktionen T1 und T2 laufen parallel. Beide möchten das Feld F in der Tabelle TAB, das den Anfangswert 2 besitzt, ändern. T1 möchte zum Feld F den Wert 5 addieren. T2 möchte das Feld F verdoppeln.

TAB

F
2

Die Transaktionen lesen zunächst den alten Wert in eine lokale Variable NEUF, errechnen danach den neuen Wert und schreiben diesen dann zurück.

```
T1:    SELECT F FROM TAB
       NEUF  := F + 5
       UPDATE TAB SET F = NEUF
       COMMIT WORK

T2:    SELECT F FROM TAB
       NEUF  := F * 2
```

Kapitel 5 Recovery und Parallelverarbeitung

```
UPDATE TAB SET F = NEUF
COMMIT WORK
```

Je nachdem welche Transaktion zuerst ausgeführt wird, erwartet man zwei unterschiedliche Ergebnisse:

Man erwartet für F einen Endwert von 14, wenn zuerst T1 und danach T2, bzw. den Endwert 9, falls zuerst T2 und danach T1 ausgeführt werden. Folgendes Zeitdiagramm verdeutlicht das Problem:

Transaktion T1	Zeit	Transaktion T2
–		–
–	↓	–
SELECT F FROM TAB	t1	–
–	↓	–
NEUF := F + 5	t2	SELECT F FROM TAB
–	↓	–
UPDATE TAB SET F = NEUF	t3	NEUF := F * 2
–	↓	–
COMMIT WORK	t4	UPDATE TAB SET F = NEUF
–	↓	–
–		COMMIT WORK
–	t5	–
	↓	

Abb. 5.2 Zeitdiagramm des »verlorenen UPDATE«

Falls diese zwei Transaktionen, wie im Bild gezeigt, gleichzeitig abgearbeitet werden, so kommt es zum sogenannten »**verlorenen Update**«. Zum Zeitpunkt t3 hat das Feld F noch den durch die Transaktion T1 um 5 erhöhten, richtigen Wert. Zum Zeitpunkt t4 allerdings wird dieser durch die Transaktion T2 rückgängig gemacht, indem es den errechneten Wert F = 4 auf die Datenbank zurückschreibt.

Bei einer unsynchronisierten Abarbeitung von Transaktionen gibt es für den Programmierer keine Möglichkeit, einen solchen verlorenen Update auszuschließen. Der Programmierer kann nie sicher sein, ob der Update wirklich in der Datenbank durchgeführt wurde. Selbst wenn der Update in einem einzigen SQL-Befehl ausgeführt würde, etwa in der Art: UPDATE TAB SET F = F + 5, müßte intern das DBMS zuerst den Wert von F in den Hauptspeicher lesen, den Wert ändern und dann zurückschreiben. Somit wäre auch dieser Update nicht sicher.

122 Parallelverarbeitung

Definition
Wir definieren somit folgende Anforderung:
Falls mehrere Transaktionen parallel gleiche Felder in der Datenbank ändern, so müssen diese Transaktionen serialisiert werden.

Diese **Transaktionssynchronisation** wird erreicht, indem jede Transaktion, die Daten ändern möchte, vor der Änderung die Daten für alle andere Transaktionen sperrt. Eine solche Sperrung wird **LOCK** genannt.

5.2.1 Datenbank Lock (Sperrung)

Jedes professionelle Datenbanksystem bietet die Möglichkeit, Objekte einer Datenbank für andere Transaktionen zu locken. Solche Locks können unterschiedliche Feinheiten besitzen, die **Granularität** genannt wird. Man unterscheidet folgende **Lock-Ebenen**:

- Locken einer ganzen Datenbank
- Locken einer ganzen Tabelle
- Locken einer Seite (I/O Puffer)
- Locken eines Records (Tupels)
- Locken eines Feldes

Der Lockmanager

Die Anforderung, ein Objekt zu locken, wird an den sogenannten **Lockmanager** gerichtet. Dieser Prozess führt die Lockanforderungen zentral für alle Transaktionen eines Rechners aus. Er hält diese Locks in speziellen **Lock-Tabellen**, in denen neben der Transaktions-ID der Transaktion, die den Lock hält, eine eindeutige Kennung des gelockten Objektes (z.B. TID) eingetragen wird.

Bevor ein Objekt gelockt werden kann, muß der Lockmanager in der Locktabelle nachsehen, ob das Objekt bereits von einer anderen Transaktion gelockt wurde. Falls das der Fall ist, wird der den Lock anfordernde Prozess in einen Wartezustand gesetzt, bis der Lock freigegeben ist. Wir werden später diese Aussage mehr detaillieren.

Am Ende einer Transaktion, also beim Erreichen des COMMIT WORK, ROLLBACK WORK oder bei Programmende, werden automatisch alle gesetzten Locks freigegeben.

In der Praxis werden zwei Arten von **Locktypen** unterschieden: **exklusive Locks** (XLOCK) und **shared Locks** (SLOCK).

5.2.2 Exklusive Locks

Wie wir gesehen haben, ist es bei konkurrierenden (parallel laufenden) Transaktionen, die Daten ändern, unabdingbar, diese durch spezielle Mechanismen zu serialisieren. Das wird erreicht, indem Objekte für andere Transaktionen gesperrt werden, die dann mit dem Zugriff warten müssen, bis der Lock aufgehoben wird. Hierzu wird der exklusive Lock eingesetzt.

Exklusive Locks sind folgendermaßen definiert:

Definition Wenn eine Transaktion T ein exklusives Lock auf ein Objekt (z.B. Datenbankfeld) hält, so kann keine andere Transaktion T' ein Lock irgend eines Types (weder XLOCK noch SLOCK) auf dieses Objekt erwerben, bis T ihr Lock freigibt.

Exklusive Locks werden gesetzt, wenn eine Transaktion ein Objekt ändern möchte.

Wir definieren einen speziellen (in keinem realen Datenbanksystem existierenden) XSELECT Befehl, der die gleiche Funktion wie der normale SELECT hat, allerdings zusätzlich jedes gefundene Tupel exklusiv lockt.

Wir ersetzen den normalen SELECT, der dazu dient, die zu ändernden Tupel aufzufinden, durch ein XSELECT, um das Problem des »verlorenen Update« zu umgehen, und somit das Update sicher durchführen.

```
T1:    XSELECT F FROM TAB
       NEUF  :=  F + 5
       UPDATE TAB SET F = NEUF
       COMMIT WORK

T2:    XSELECT F FROM TAB
       NEUF  :=  F * 2
       UPDATE TAB SET F = NEUF
       COMMIT WORK
```

Bei der Ausführung der beiden Transaktionen ergibt sich das folgende Zeitdiagramm:

```
Transaktion T1              Zeit    Transaktion T2
    —                        ↓          —
XSELECT F FROM TAB           t1         —
                             |          —
NEUF := F + 5                t2      XSELECT F FROM TAB
                             |         warten
                             ↓         warten
UPDATE TAB SET F = NEUF      t3        warten
                             |         warten
                             |         warten
COMMIT WORK                  t4      (ausführen XSELECT)
    —                        |       NEUF := f * 2
                             ↓
    —                        t5      UPDATE TAB SET F = NEUF
    —                        |
    —                        ↓
    —                        t6      COMMIT WORK
    —                        ↓          —
```

Abb. 5.3 Transaktion T2 wird zum Warten gezwungen, bis T1 fertig ist

Da zum Zeitpunkt t2 die Daten durch die Transaktion T1 exklusiv gesperrt sind, wird die Transaktion T2 bis zum Aufheben des Locks (Zeitpunkt t4) in einen Wartezustand gesetzt. Also erst nachdem die Transaktion T1 beendet ist (und die Daten zurückgeschrieben hat), kann die Transaktion T2 die Daten lesen. Die Transaktionen T1 und T2 werden dadurch serialisiert und somit korrekt abgearbeitet.

Wie lange muß ein XLOCK gehalten werden?

Ein Programm, das in **einer** Transaktion mehrere Objekte ändern möchte, muß diese Objekte zuvor durch einen exklusiven Lock sperren. Zum besseren Verständnis betrachten wir uns noch einmal das Überweisungsprogramm:

```
T1:   UPDATE Konto
      SET    Kontostand = Kontostand - Betrag
      WHERE  Kontonr = VonKto

      UPDATE Konto
      SET    Kontostand = Kontostand + Betrag
      WHERE  Kontonr = NachKto

      COMMIT WORK
```

Der SQL UPDATE-Befehl setzt intern XLOCKS auf die betroffenen Objekte.

Kapitel 5 Recovery und Parallelverarbeitung 125

Nach dem ersten UPDATE des Objektes VonKto, so könnte man fälschlicherweise annehmen, gibt es keinen Grund, das Objekt VonKto noch länger zu sperren. In realen Datenbanksystemen ist es allerdings nicht möglich, innerhalb einer Transaktion einen XLOCK aufzuheben. Dies darf auch nicht geschehen, wie wir gleich sehen werden.

An dieser Stelle führen wir einen weiteren, in keinem realen Datenbanksystem existierenden Befehl ein, den wir COMMITTED UPDATE nennen. Dieser Befehl soll wie der normale SQL UPDATE-Befehl arbeiten, allerdings mit dem Unterschied, daß er sofort nach Beendigung des UPDATE alle XLOCKS freigibt.

```
T1:   COMMITTED UPDATE Konto
      SET     Kontostand = 5
      WHERE   Kontonr = 1

      COMMITTED UPDATE Konto
      SET     Kontostand = 10
      WHERE   Kontonr = 2

      COMMIT WORK
```

Die COMMIT WORK-Anweisung wird weiterhin benötigt, um die geänderten Werte auf der Datenbank produktiv zu machen.

Was allerdings geschieht, wenn, nachdem der COMMITTED UPDATE auf Konto 1 fertig ist, eine zweite Transaktion die Zinsen für Konto 1 berechnet, und wenn dann Transaktion T1 ein Rollback anfordert?

```
Transaktion T1              Zeit    Transaktion T2
    -                         ↓         -
COMMITTED UPDATE Konto        t1        -
SET     Kontostand = 5                  -
WHERE   Kontonr = 1                     -
    -
COMMITTED UPDATE Konto        t2    COMMITTED UPDATE Konto
SET     Kontostand = 10             SET     Kontostand =
WHERE   Kontonr = 2                         Kontostand * 1.03
    -                               WHERE   Kontonr = 1
ROLLBACK WORK                 t3    COMMIT WORK
    -                         ↓         -
```

Abb. 5.4 T1 kann nicht zurückgesetzt werden, da T2 zur gleichen Zeit einen COMMITED UPDATE durchführen konnte

Konzentrieren wir uns auf Kontonr 1: Der von Transaktion T1 angeforderte ROLLBACK WORK müßte, von T1 aus gesehen, den Kontostand auf den Ursprungswert zurücksetzen. Das würde allerdings auch Transaktion T2 zurücksetzen. Um dieses Problem zu umgehen, müssen wir folgende Forderung aufstellen:

> Alle XLOCKS einer Transaktion müssen bis zum Transaktionsende gehalten werden.

5.2.3 Deadlocks

Herr T1 leiht sich in einer Bibliothek ein Buch über Schrittmotoren. Der Titel dieses Buches ist F1. Beim Lesen dieses Buches findet T1 plötzlich den Hinweis, daß Schrittmotoren unter anderem auch in elektrischen Schreibmaschinen Verwendung finden. Da sich T1 doch sehr für den Einsatz von Schrittmotoren interessiert, geht er erneut in die Bibliothek mit der Absicht, sich ein Buch über elektrische Schreibmaschinen zu leihen. Dort wird ihm das Buch F2 empfohlen, mit dem Hinweis, daß dieses Buch vor kurzem erst an Herr T2 verliehen wurde. Da ihm diese Problematik doch sehr am Herzen liegt, beschließt T1, sein Buch über Schrittmotoren solange zur Seite zu legen, bis er das Buch F2 über elektrische Schreibmaschinen ausleihen kann.

Unterdessen liest T2 sein Buch. Plötzlich findet er einen Hinweis auf sogenannte Schrittmotoren. Da er in diesen Dingen nicht so bewandert ist, er jedoch großes Interesse an diesem Bauteil findet, beschließt er, seine Lektüre zu unterbrechen und sich erst einmal ein Buch über Schrittmotoren auszuleihen. In der Bibliothek wird ihm natürlich sogleich das Buch F1, das die Thematik Schrittmotoren bestens behandelt, empfohlen. Da das Buch zur Zeit verliehen ist, wird ihm geraten, er solle doch in den nächsten Tagen noch mal reinschauen. T2 geht unverrichteter Dinge nach Hause und wird sich noch oft, aber leider vergeblich, in der Bibliothek um das Buch über Schrittmotoren bemühen müssen. Genauso ergeht es T1, der vergeblich darauf wartet, daß T2 sein Buch über elektrische Schreibmaschinen wieder zurückgibt.

Jeder wartet somit ewig auf den anderen, ohne von ihm zu wissen. Es ist ein **Deadlock** entstanden.

Genauso kann ein Deadlock entstehen, wenn eine Transaktion T1, die schon einen XLOCK auf das Feld F1 hält, einen zweiten XLOCK auf das Feld F2 anfordert, das allerdings schon von einer anderen Transaktion

T2 gelockt ist, die ihrerseits versucht, einen XLOCK auf das Feld F1 zu bekommen.

```
     Transaktion T1           Zeit        Transaktion T2
          -                    |               -
          -                    |               -
     XSELECT F1 FROM TAB       t1              -
          -                    |               -
          -                    |               -
          -                    t2         XSELECT F2 FROM TAB
          -                    |               -
     XSELECT F2 FROM TAB       t3              -
         warten                |               -
         warten                |               -
         warten                t4         XSELECT F1 FROM TAB
         warten                |              warten
         warten                |              warten
         warten                |              warten
         warten                |              warten
         warten                |              warten
         warten                |              warten
         warten                ↓              warten
```

Abb. 5.5 T1 und T2 warten auf Objekte, die sie gegenseitig sperren: Deadlock

Deadlocks sind eine unangenehme Begleiterscheinung bei konkurrierenden Update-Transaktionen. Bei Datenbanken mit einem hohen Transaktionsvorkommen können Deadlocks an der Tagesordnung sein.

Solche Systemverklemmungen, wie Deadlocks auch genannt werden, sind leider nicht immer vermeidbar.

Vermeidung von Deadlocks

Ihr Auftreten ist nur durch spezielle Vorkehrungen reduzierbar. So sollten Transaktionen einen XLOCK nur möglichst kurze Zeit halten. Es sollten zwischen der Anforderung eines XLOCKS und dem COMMIT WORK keine Benutzereingaben (Terminal-Read) erfolgen, da es möglich ist, daß der Benutzer erst in seine Mittagspause geht, bevor er die ⏎-Taste des Rechners betätigt.

Außerdem ist leicht einzusehen, daß die Deadlock-Wahrscheinlichkeit durch die Verkleinerung der Lock-Granularität vermindert werden kann; also eine Transaktion nur das lockt, was sie tatsächlich auch verändern möchte. Wenn eine Transaktion nur ein Datenbankfeld und nicht eine ganze I/O-Seite oder sogar eine ganze Tabelle, in der eventuell Hunderte von Records enthalten sind, lockt, so ist die Wahrscheinlichkeit, daß eine andere Transaktion das gleiche Objekt locken möchte, geringer.

Wie werden Deadlocks aufgespürt?

Die Transaktionen, die den Deadlock erzeugen, sind nicht in der Lage, ihn zu bemerken. Nur ein zentraler Prozeß, der zu bestimmten Zeitpunkten die Lock-Tabelle durchsucht, ist in der Lage, einen Deadlock aufzuspüren.

Da Deadlocks nur bei XLOCK-Anforderungen, die nicht erfüllt werden können, entstehen, könnte der Lockmanager immer wenn eine Transaktion einen XLOCK auf ein schon gelocktes Objekt anfordert, die Locktabelle nach Deadlocks absuchen.

Da allerdings solche nicht-bestätigte XLOCK-Anforderungen bei großen Datenbanken mehrmals pro Sekunde auftreten, das Absuchen der Locktabelle nach Deadlocks sehr aufwendig ist und meist kein Deadlock vorliegt, ist es üblich, in regelmäßigen Abständen (nur etwa jede Minute) nach Deadlocks zu suchen.

Wie kann der Deadlock aufgehoben werden?

Ein Deadlock kann nur behoben werden, indem eine der betroffenen Transaktionen (es können auch mehr als zwei Transaktionen einen Deadlock verursachen) zurückgesetzt wird (ROLLBACK WORK und REDO). Bei den meisten Datenbanksystemen wird beim Erkennen des Deadlocks die jüngste (also zeitlich am spätesten begonnene Transaktion) abgebrochen (natürlich mit einem dazugehörigen ROLLBACK WORK). Es wird eine Fehlermeldung vom DBMS generiert, die eindeutig auf einen Deadlock verweist.

Kapitel 5 Recovery und Parallelverarbeitung

```
Transaktion T1              Zeit    Transaktion T2
-                            |      -
-                            |      -
XSELECT F1 FROM TAB          t1     -
-                            |      -
-                            |      -
-                           t2      XSELECT F2 FROM TAB
-                            |      -
-                            |      -
XSELECT F2 FROM TAB         t3      -
warten                       |      -
warten                       |      -
warten                      t4      XSELECT F1 FROM TAB
warten (Deadlock)            |      warten (Deadlock)
warten                       |      warten
warten                       |      warten
warten                      t5      ROLLBACK (Freigabe von F2)
warten                       |
warten                       |
(ausführen XSELECT F2)      t6
-                            |
-                            |
COMMIT WORK                 t7
-                            |
-                            |
```

Abb. 5.6 Nur durch Rücksetzen einer Transaktion kann der Deadlock behoben werden

Während die Transaktion T2 mit einem ROLLBACK WORK abgebrochen wird, kann T1 ungestört ihren Update beenden.

5.2.4 Shared Locks

In den letzten Kapiteln wurde das Problem parallel schreibender Transaktionen behandelt. Was allerdings geschieht, wenn eine Transaktion lediglich Daten lesen möchte, während eine andere Transaktion Daten verändert?

Transaktion T1 möchte die Kontostände von Konto K1 und K2 addieren. Gleichzeitig wird durch Transaktion T2 ein Betrag von 20 DM von Konto K1 auf das Konto K2 überwiesen.

Wenn beide Transaktionen unkontrolliert parallel abgearbeitet werden, so könnte T1 eine falsche Summe bilden. Bei den Anfangswerten (also vor der Überweisung) von K1 = 100 und K2 = 200 müßte die Summe der beiden Konten 300 DM sein. Auch nach der Überweisung (K1 = 80 und K2 = 220) müßte die Summe der Konten 300 DM sein.

130 Parallelverarbeitung

```
Transaktion T1                    Zeit     Transaktion T2
        -                          |              -
SUM := 0                           ↓              -
SELECT K1 FROM KONTO              t1              -
        -                          |              -
        -                          ↓              -
SUM := SUM + K1 (SUM = 100)       t2      XSELECT K1 FROM KONTO
        -                          |      XSELECT K2 FROM KONTO
                                              -
SELECT K2 FROM KONTO              t3      UPDATE KONTO SET K1 = K1 - 20
warten                             |      UPDATE KONTO SET K2 = K2 + 20
warten                                        -
warten                            t4      COMMIT WORK
(Ausführen SELECT K2)              |              -
        -                          ↓              -
SUM := SUM + K2 (SUM = 320)       t5              -
        -                          |              -
        -                                         -
```

Abb. 5.7   T1 summiert inkonsistente Daten, obwohl T2 die Daten gelockt hat

Wie aus dem Zeitdiagramm ersichtlich, kann es jedoch zu einer falschen Summe kommen, wenn die Summiertransaktion durch einen UPDATE unterbrochen wird.

Es muß somit sichergestellt werden, daß zu der Zeit, in der Transaktionen lesend auf Daten zugreifen, keine andere Transaktion Daten ändert. Es ist lediglich erlaubt, daß andere Transaktionen lesend auf diese Daten zugreifen. Um dies sicherzustellen, müssen auch lesende Transaktionen Daten locken. Dies muß allerdings kein EXKLUSIV LOCK sein, da durch Setzen eines EXKLUSIVEN LOCKS auch keine lesende Transaktion erlaubt wäre. Aus diesem Grund gibt es einen anderen, schwächeren Lock, den sogenannten SHARED LOCK (kurz SLOCK). Dieser ist folgendermaßen definiert:

Definition   Wenn eine Transaktion T einen SHARED LOCK auf ein Objekt hält, dann darf eine andere Transaktion T' auch einen SHARED LOCK auf dieses Objekt setzen. Es darf allerdings keine andere Transaktion T' einen EXKLUSIV LOCK auf das Objekt setzen, bis alle SHARED LOCKS wieder freigegeben sind.

Alle Transaktionen, die lesend auf ein Datenbankobjekt zugreifen, müssen diese Objekte gegen UPDATES sperren. Zu diesem Zweck führen wir einen SLOCK-Befehl ein:

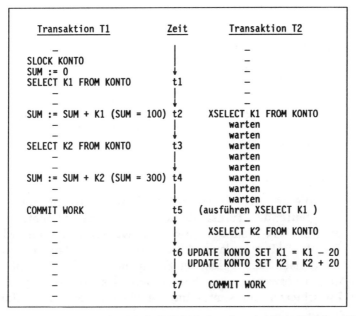

Abb. 5.8 T1 sperrt die Tabelle KONTO shared, so daß T2 mit seinem UPDATE warten muß

Somit ist sichergestellt, daß beliebig viele Transaktionen lesend auf ein Datenbankobjekt zugreifen können. Eine Transaktion, die allerdings das gleiche Objekt verändern möchte, also einen XLOCK anfordert, wird solange auf WAIT gesetzt, bis alle lesenden Transaktionen das Objekt freigegeben haben.

5.3 Transaktionsverarbeitung unter SQL

Unter ANSI-SQL gibt es keinen XSELECT oder ähnlichen Befehl, um ein Objekt zu locken. Es gibt auch keine Möglichkeit, ein Objekt gezielt shared zu locken.

Unter ANSI-SQL werden bei jedem lesenden Zugriff (SELECT) alle betroffen Objekte shared gelocked. Dieser SLOCK wird solange gehalten, bis

- die Transaktion durch COMMIT WORK beendet,
- durch ROLLBACK WORK zurückgesetzt oder
- das Objekt durch einen höherwertigen Lock (XLOCK) gelockt wird.

Dies hat zur Folge, daß eine Programmsequenz möglichst nie auf die folgende Art programmiert werden sollte:

SELECT F FORM TAB;

Write ("Alter Wert:",F);   (* Anzeigen des Alten Wertes auf
                                 Bildschirm *)
Read ("Neuer Wert?",F1);   (* lesen des neuen Wertes vom
                                 Terminal *)
UPDATE TAB SET F = F1;

COMMIT WORK;

Bei dieser Art der Programmierung besteht die Gefahr einer »**langlaufenden Transaktion**«. Der Read-Befehl könnte für Stunden auf die RETURN-Taste des Anwenders warten und somit das Objekt F der Tabelle TAB sehr lange locken. Besser ist folgendes Programm, das sofort nach dem Lesen der Daten die SLOCKS frei gibt. Dann ist es jedoch notwendig, vor dem Ändern des Kontos zu prüfen, ob in der Zwischenzeit der Kontostand von einer anderen Transaktion verändert wurde.

SELECT F FORM TAB;
COMMIT WORK;   (* SLOCKS aufheben *)

FALT := F;
Write ("Alter Wert:",F);   (* Anzeigen des alten Wertes auf
                                 Bildschirm *)
Read ("Neuer Wert?",F1);   (* lesen des neuen Wertes vom
                                 Bildschirm *)

SELECT F FORM TAB;   (* Daten erneut sperren *)

IF F = FALT THEN
   UPDATE TAB SET F = F1
ELSE
   Write("Daten wurden gerade geändert. Bitte Programm neu starten");

COMMIT WORK;

Bei der Programmierung ist somit darauf zu achten, daß zwischen dem Locken eines Objektes und dem COMMIT WORK kein User-Input oder ähnliches programmiert wird.

UPDATE Intern lockt der SQL-UPDATE-Befehl in einem ersten Schritt zunächst alle vom UPDATE betroffenen Objekte. Erst im zweiten Schritt werden die Daten geändert. Beim Absetzen mehrerer UPDATE Befehle in einer SQL-Transaktion werden die XLOCKS gesammelt. Alle XLOCKS werden erst am Ende der Transaktion wieder aufgehoben.

5.4 Performance in der Multiuser Umgebung

Wie wir gesehen haben, sind im DBMS einige Mechanismen implementiert, die eine sichere Multiuser-Umgebung garantieren. Für einen einzelnen UPDATE-Befehl sind einige Lock-Anforderungen und evtl. damit verbundene I/O's notwendig. Allerdings bedeutet dies auch einen nicht zu unterschätzenden zusätzlichen Leistungsbedarf des Rechners, der sich je nach Implementierung unterschiedlich auf die Performance auswirkt.

6

Verteilte Datenbanken

- Was versteht man unter einem VDBMS
- Die zwölf Regeln von C.J. Date
- Die speziellen Anforderungen an den Optimierer im VDBMS
- Transaktionsverwaltung im VDBMS
- Synchronisation im VDBMS
- Recovery im VDBMS
- Aktuelle Produkte

Während ein Teil der Datenbankhersteller noch mit Anpassungen ihrer Produkte an die sich ständig ändernden Standardisierungsvorgaben von ISO, ANSI und weiterer Institutionen arbeiten, haben führende Hersteller die Zeichen der Zeit erkannt und passen ihre Datenbanksysteme den Tendenzen der Hardware-Struktur an.

Die Zeiten, in denen einem Unternehmen nur ein einzelner, großer Computer zur Verfügung stand, sind vorbei. In den meisten Unternehmen gibt es heute, je nach Anforderung, Computer verschiedener Leistungsklassen, die mehr oder weniger eng miteinander verbunden sind.

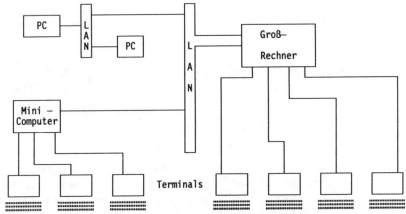

Abb. 6.1 Typische Hardware-Infrastruktur eines Unternehmens

Anfang der sechziger Jahre spürte man, daß es auf Dauer nicht mehr tragbar war, daß jede Anwendung ihre Daten in getrennten Dateien abspeicherte. Ein Feld, welches in der einen Datei 'Teilebezeichnung' hieß und die Länge 26 hatte, nannte sich in der anderen 'Artikelname' und hatte eine Länge von 34. Um mit diesem Chaos fertig zu werden, wurden nach und nach Datenbanken eingesetzt, die dieses Problem minderten. Da jedoch ein Datenbanksystem auf einem Rechner kaum Verbindung zu einem Datenbanksystem auf einem anderen Rechner hat, entwickelt sich heute das gleiche Problem der inkonsistenten und redundanten Daten wieder, allerdings rechnerübergreifend.

Bei einer solchen Infrastruktur liegt die Verantwortung, die Daten im richtigen Moment an die richtige Stelle zu verteilen, trotz oft existierender Netzwerkprotokolle (OSI oder Teile davon), beim Programmierer. Dieser baut, je nach Anforderung, den Transfer der Daten fest in seine Programme ein oder entwickelt autonome Programme, die in regelmäßigen Abständen für die Verteilung der Daten sorgen. Im Falle von PCs muß dies meist sogar der Anwender manuell anstoßen.

Da diese Verteilung der Daten keine triviale Aufgabe ist, reichen die Verteilungsalgorithmen meist nicht über einen einfachen Dateitransfer hinaus, was zu den bekannten Konsistenzproblemen führt.

Man sieht also auch hier, daß die Hardwareentwicklung der Software weit voraus ist.

Es ist naheliegend, daß nicht jeder Entwickler die mit dieser Hardwaretendenz verbundenen Softwareprobleme neu lösen kann. Aus diesem Grund erleben die verteilten Datenbankmanagementsysteme **VDBMS (Distributed-Databasesystem DDB)** einen starken Auftrieb.

6.1 Was versteht man unter einem VDBMS

Definition »Eine verteilte Datenbank ist eine virtuelle[1] Datenbank, deren Teile an unterschiedlichen Stellen in einer Menge unterschiedlicher, echter Datenbanken gespeichert sind.« [Date 87]

Ein VDBMS wird dann notwendig, wenn logisch voneinander abhängige Daten auf mehr oder weniger »lose verbundene Knoten (Computer)« verteilt abgespeichert werden. Unter Knoten wird hier ein eigenständiger Computer verstanden, der folgende Eigenschaften besitzen kann:

- eigene CPU, Hauptspeicher und Plattenlaufwerke,
- eigene lokale DC-Manager,
- ein eigenständiges Datenbanksystem mit eigenen Rechten,
- eigenen Datenbankadministrator.

Die Entfernungen zwischen diesen Knoten reichen von direkt nebeneinander stehenden Rechnern mit mehreren CPUs, die über ein **LAN**, also ein lokales Netzwerk, verbunden sind, über Host-PC-Verbindungen (einige hundert Meter Entfernung) bis zu interkontinentalen, unternehmensweiten Vernetzungen, die über schnelle Telefonleitungen verbunden sein können.

Entsprechend kann die Kommunikationsgeschwindigkeit von 1200 Bit/sec bis zu über 100 MBit/sec reichen.

---

[1] Virtuelle Datenbank = logische Datenbank.

Die eigentliche Motivation, ein verteiltes Datenbanksystem einzusetzen, ist, die gesamte Information über die Verteilung der Daten im Netz an einer Stelle zu definieren: nämlich im verteilten Data Dictionary. Da nur eine Software existiert, die die Verteilung der Daten übernimmt (das VDBMS), können die Datenbankoperationen global optimiert und die Konsistenz der Daten garantiert werden. So ist sichergestellt, daß bei Umkonfiguration des Netzes die Anwendungen problemlos angepaßt werden können.

Man kann sich eine verteilte relationale Datenbank logisch wie eine nichtverteilte vorstellen. So gibt es auch hier Relationen (Tabellen) mit Attributen (Spalten), die einer Domäne (Wertemenge) unterliegen. Diese Relationen können entweder leer oder beliebig viele Tupel (Zeilen) groß sein.

Genauso existiert auch hier ein Data Dictionary, in dem die logische und physische Struktur der gesamten DB festgehalten ist.

Der eigentliche Unterschied zwischen verteilten und nichtverteilten Datenbanken liegt in der physischen Speicherung der Daten. In einer verteilten Datenbank kann der DBA bestimmen, an welcher physischen Stelle im Netz welche Relation (oder auch Teile davon) gespeichert werden soll.

Als ein typisches Beispiel kann man sich das Telefonbuch der Deutschen Bundespost denken. Logisch gesehen gibt es für die Fernsprechteilnehmer der Bundesrepublik ein Telefonbuch, das vereinfacht folgende Struktur besitzt:

TELEFON

ONKZ	TELNR	NNAME	VNAME
06123	322422	WEBER	OTTO
069	2334786	KORN	KARL
089	54437	SCHMITT	HANS
0544	344522	SCHMIDT	GERDA
06123	3441	GLASER	ANITA

Angenommen, man würde ein VDBMS einsetzen, dann könnte man die Relation so **fragmentieren** (horizontal aufteilen), daß die Fragmente, je nach Inhalt des Feldes ONKZ (Ortsnetzkennziffer), auf vielen lokalen Ortsnetzrechnern gespeichert wären. Das würde Performancevorteile bringen, da ein Fernsprechteilnehmer oft die Nummern aus dem eigenen Ortsnetz sucht. Bei Anschluß eines neuen Teilnehmers könnte dann die neue Telefonnummer eingefügt werden, ohne daß andere Fragmente (Knoten des Netzes) betroffen wären. Da sich diese Relation logisch als eine einzige darstellt, kann jeder Teilnehmer im gesamten Bundesgebiet auf alle Daten zugreifen.

```
SELECT  VNAME, NNAME, TELNR
  FROM  TELEFON
 WHERE  VNAME = 'SCHMITT'
   AND  ONKZ = '089'
```

Unabhängig davon, auf welchem Knoten die Anfrage gestartet wird, wird das VDBMS selbständig die gewünschten Daten vom betroffenen Ortsnetz holen.

6.2 Die zwölf Regeln von C.J. Date

E.F. Codd legte im Jahre 1970 den Grundstein für die relationalen Datenbanken [Codd 70]. Im Mai 1986 definierte er die zwölf Regeln, an denen man erkennen kann, wie »relational« ein DBMS ist (siehe Kapitel 8). Im Jahre 1987 erweiterte C.J. Date sie um zusätzliche zwölf Regeln für verteilte Datenbanken [Date 87]. Diese zwölf Regeln definieren die Anforderungen, die an ein RDBMS gestellt werden, wenn es für den Einsatz in einer verteilten Umgebung geeignet sein soll. Zusätzlich verdeutlichen diese Regeln die zu erwartenden Probleme, die entstehen, wenn ein RDBMS in einem solch anspruchsvollen Umfeld eingesetzt wird und das RDBMS einige dieser Regeln nicht erfüllt.

Regel 0 **Das fundamentale Prinzip** (The Fundamental Principle)

Für den Anwender bzw. Anwendungsprogrammierer sieht das verteilte Datenbanksystem genauso aus wie ein nichtverteiltes. Alle mit der Verteilung der Daten verbundenen Probleme werden durch das VDBMS erledigt und bleiben dem Benutzer des Systems verborgen.

Regel 1 **Lokale Autonomie** (Local Autonomy)

- Lokale Daten werden lokal verwaltet. Darunter fallen Dinge wie Sicherheit, Integrität und Speicherungsart der Daten.

- Lokale Operationen werden lokal, also auf dem eigenen Rechner, verarbeitet.

- Alle Operationen eines Knotens werden durch diesen kontrolliert. Kein Knoten ist, bezüglich des störungsfreien Arbeitens, von einem anderen Knoten abhängig.

Date schränkt diese Regel jedoch insoweit ein, als sie in der Praxis wohl nicht hundertprozentig durchführbar ist. Sie sollte soweit wie möglich realisiert werden.

Regel 2 **Kein Verlaß auf einen zentralen Knoten** (No reliance on a central site)

Der Gedanke, alles auf einem zentralen Rechner auszuführen, wird nicht verfolgt. Es gibt also kein zentrales

- Data Dictionary,
- Ausführen der Queries,
- Kontrollieren der parallelen Zugriffe auf Tabellen (Concurrency),
- Kontrollieren des Recovery.

Mit dieser Regel sollen Engpässe im Verarbeitungsdurchsatz vermieden und das Netz funktionsfähig erhalten werden, wenn der zentrale Knoten einmal ausfallen sollte.

Regel 3 **Unterbrechungsfreier Betrieb** (Continuous Operation)

Es dürfen keine Abschaltzeiten geplant werden. Es muß im laufenden Betrieb möglich sein, sowohl die Wartung des VDBMS als auch die Wartung der Anwendungssoftware durchzuführen.

Es muß sogar möglich sein, im laufenden Betrieb ein neues Release des Datenbanksystems auf einem Knoten einzuspielen, ohne daß davon ein anderer Knoten betroffen ist. Falls doch einmal ein Knoten außer Betrieb gesetzt werden muß, ist es die Aufgabe des VDBMS, die bis dahin angefallenen Arbeiten nach Wiederinbetriebnahme nachträglich durchzuführen.

Nur so kann wieder ein konsistenter Zustand der Daten im gesamten System hergestellt werden.

Regel 4 **Standortunabhängigkeit** (Location Independence (Transparency))

Der Benutzer und somit auch die Anwendungsprogramme müssen nicht wissen, wo die Daten physisch gespeichert sind. Ein Programm muß somit ohne Änderung auf jedem Knoten lauffähig sein. Genauso kann eine Relation auf einen anderen Knoten übertragen werden, ohne daß ein Programm geändert werden muß.

Diese Regel ermöglicht eine einfachere Programmierung und begünstigt das Verteilen der Daten. Im Data Dictionary ist festgehalten, wo die Daten physisch gespeichert sind. Das Data Dictionary selbst ist auf alle Knoten verteilt.

142 Die zwölf Regeln von C.J. Date

Regel 5 **Fragmentierungsunabhängigkeit** (Fragmentation Independence (Transparency))

Ein verteiltes Datenbanksystem muß das Aufteilen einer Relation in Fragmente unterstützen. Diese sind an physisch verschiedenen Stellen abgelegt. Da man so die Daten dort speichern kann, wo sie am häufigsten gebraucht werden, kann man sowohl die Performance als auch die Verfügbarkeit des Systems verbessern (siehe Beispiel Telefonbuch in Kapitel 6.1).

Die **Fragmentierung** kann sowohl horizontal (auf Zeilen) als auch vertikal (auf Spalten) definiert sein; laut der relationalen Algebra also als Restriktion und Projektion.

Fragmentierungsunabhängigkeit bedeutet, daß eine Anwendung keine Kenntnis über die Fragmentierung einer Relation haben muß. Dies ist vor allem deshalb notwendig, da es in der Praxis öfter vorkommen kann, daß aus Performancegründen die Fragmentierung geändert wird. Dem Anwendungsprogramm darf es nicht erlaubt werden, auf einzelne Fragmente direkt zuzugreifen, da es dadurch nicht mehr fragmentierungsunabhängig wäre.

Regel 6 **Replikationsunabhängigkeit** (Replication Independence)

Das Datenbanksystem muß die **Replikation** (Nachbildung) von Tabellen bzw. Fragmenten von Tabellen unterstützen. Das heißt, daß ein Fragment als physische Kopie auf mehreren Knoten abgelegt sein kann. Auf das Telefonbuch-Beispiel bezogen, könnte man dort die Postsonderdienste, deren Nummern mit 11 beginnen, als Duplikat in jedem Ortsnetz speichern.

Dies wird man aus den gleichen Gründen tun wie auch schon bei Regel 5, also sowohl aus Performance- als auch aus Verfügbarkeitsgründen. Auch hier gilt, daß der Anwender über die Replikation nichts wissen muß und somit alle Anwendungen davon unabhängig sind.

Diese Regel beinhaltet besondere Probleme, denn man muß bedenken, daß beim Update einer Relation alle Kopien im Netz mitgeändert werden müssen. Dies kann nicht nur zu Performanceproblemen führen, sondern auch zu zeitweisen Inkonsistenzen, falls ein Knoten zur Update-Zeit nicht verfügbar ist.

Da es meist nicht notwendig ist, daß alle Replikationen zu jedem Zeitpunkt auf dem aktuellen Stand sind, kann ein Teil dieser Probleme das **SNAPSHOT** (Schnappschuß)-Verfahren beheben:

```
CREATE SNAPSHOT JEDENTAG
    AS SELECT  ONKZ, TELNR, VNAME, NNAME
    FROM       TELEFON
    WHERE      TELNR ≥ 110 AND TELNR ≤ 119
    REFRESH EVERY DAY
```

Mit dieser Definition würden alle Kopien einmal am Tag automatisch vom VDBMS auf den neuesten Stand gebracht.

Regel 7 **Verteilte Query** (Distributed Query Processing)

Mit Query ist hier jede Art einer einzelnen Anforderung an das VDBMS gemeint. Dies kann sowohl ein SELECT als auch ein UPDATE sein.

Eine solche Query vollzieht sich in den meisten RDBMS auf einem hohen semantischen Level, d.h., intern werden, je nach **Optimierungsstrategien**, für einen Befehl viele Aktionen ausgelöst. Von der Güte dieser Strategien hängt im engsten Maße die Performance und somit die Akzeptanz des gesamten VDBMS ab.

Bei einem nicht-relationalen Datenbanksystem ist die Performance der Anwendung vom Programmierer abhängig, da er die Reihenfolge der Abarbeitung in seinem Programm bestimmt.

Anders verhält es sich bei relationalen Datenbanken. Hier hat der Programmierer kaum Einfluß auf die Performance, da der Optimierer des DBMS's den Ablauf der Verarbeitung bestimmt. Bei einer verteilten Query werden sehr hohe Anforderungen an den Optimierer gestellt, da die Leitungsgeschwindigkeiten einen großen Engpaß im Netz darstellen.

Wird z.B. in einem SELECT eine Relation aus New York mit 100 Tupeln mit einer aus Frankfurt mit 1.000.000 Tupeln gejoint, so variiert die Ausführungszeit zwischen einigen Sekunden und ein paar Tagen, je nachdem, ob eine Relation von New York nach Frankfurt oder von Frankfurt nach New York transferiert wird (siehe auch Kapitel 6.3).

Regel 8 **Verteiltes Transaktionsmanagement** (Distributed Transaction Management)

Als eine Transaktion wird eine Arbeitseinheit bezeichnet. Sie besteht meist aus mehreren Anweisungen. Sie ist atomar, was bedeuten soll, daß sie entweder ganz oder gar nicht ausgeführt wird. Wenn ein Teil der Transaktion nicht ausgeführt werden kann, wird der bis dahin ausgeführte Teil rückgängig gemacht (siehe Kapitel 5.1.2).

Das verteilte Transaktionsmanagement beinhaltet eine über das gesamte Netz **verteilte Rücksetzlogik** (recovery) und eine **verteilte Parallelitätskontrolle** (concurrency).

Recovery:

In einer verteilten Datenbank kann eine einzelne Transaktion Änderungen der Daten auf mehreren anderen Knoten des Netzes zur Folge haben. Das bedeutet, wenn die Änderung auf einem Knoten nicht vollständig ausgeführt werden kann, müssen alle Änderungen auf allen Knoten zurückgesetzt werden. Dazu ist ein **Zwei-Phasen-Commit** oder etwas Vergleichbares notwendig (Siehe Kapitel 6.4).

Concurrency:

Die Kontrolle über das konkurrierende Arbeiten basiert auf den gleichen Lockmechanismen wie in nicht-verteilten Systemen (siehe Kapitel 5.2).

Lokale Autonomität (Regel 1) besagt, daß jeder Knoten seinen eigenen Lockmanager für seine eigenen lokalen Daten besitzt. Wenn nun Daten auf einem anderen Knoten geändert werden, so müssen Nachrichten

- zur Lock-Anforderung,
- zur Lock-Bewilligung,
- für den Update selbst,
- für die Bestätigung,
- für die Lock-Aufhebung

über das Netz gesendet werden.

Das sind 5 Nachrichten, die die Performance der Änderung verschlechtern. Bei n Knoten, auf denen Daten zu ändern sind, ergibt dies 5(n-1) zusätzliche Nachrichten. Ein einzelner Lockmanager (der auf einem zentralen Rechner laufen müßte) könnte zwar die Anzahl der Nachrichten auf 2n + 3 verbessern, würde allerdings den Verlust der Autonomität, eine größere Verwundbarkeit und evtl. einen Flaschenhals einbringen (dieser Rechner könnte schnell zum Engpaß werden).

Bei Änderungen von verteilten Daten kann, zusätzlich zum **lokalen Deadlock** beim nichtverteilten RDBMS (siehe Kapitel 5.2.3), ein **globaler Deadlock** entstehen. Das Erkennen und Beheben dieser globalen Deadlocks führt zu ähnlichen Problemen wie das Problem der **globalen Lockmechanismen** (entweder ein zentraler Rechner oder eine erhöhte Netzbelastung). Das rührt daher, daß kein Knoten alleine diesen Deadlock erkennen kann. Es wird also eine Art »verteilter Deadlock-Erkennungsmechanismus« benötigt.

Eine einfachere Art, dieses Problem zu beheben, und gleichzeitig die Nachrichten, die über das Netz laufen, gering zu halten, ist der »**Timeout Mechanismus**«, der in den meisten verteilten RDBMS Verwendung findet. D.h eine lockanfordernde Transaktion wartet nur eine vorher definierte Zeit (z.B. 10 Sekunden) auf die Bestätigung des Locks. Falls innerhalb dieser Zeit der Lock-in nicht bestätigt wird, so wird davon ausgegangen, daß ein Deadlock entstanden ist und die Transaktion wird abgebrochen.

Regel 9 **Hardwareunabhängigkeit** (Hardware Independence)

Die Regel verlangt, daß das gleiche VDBMS auf unterschiedlicher Hardware läuft.

Regel 10 **Betriebssystemunabhängigkeit** (Operating System Independence)

Die Regel verlangt, daß das VDBMS unter verschiedenen Betriebssystemen lauffähig ist.

Regel 11 **Netzwerkunabhängigkeit** (Network Independence)

Das VDBMS muß verschiedene Netzwerkarchitekturen unterstützen können.

Regel 12 **DBMS-Unabhängigkeit** (Database Independence)

In einem Netz sollen VDBMS von verschiedenen Herstellern miteinander kommunizieren können. Das heißt, es muß eine gemeinsame Sprache gesprochen werden. Dies könnte SQL sein. Allerdings sind bis zum heutigen Zeitpunkt die SQL-Implementierungen von jedem Hersteller semantisch (also von der Bedeutung eines Befehls her) unterschiedlich[2]. Selbst syntaktisch gibt es bei den einzelnen Herstellern Unterschiede. Oft ist sogar das SQL des gleichen Herstellers unter verschiedenen Betriebssystemen unterschiedlich.

6.3 Die speziellen Anforderungen an den Optimierer im VDBMS

Um die im vorhergehenden Abschnitt genannten Anforderungen zu erfüllen, sind in der Praxis zuvor einige Probleme zu lösen.

Heute schon erlauben die meisten relationalen Datenbanksysteme die verteilte Abfrage. Es gibt jedoch beträchtliche Unterschiede im Query-

---

[2] Es gibt mittlerweile allerdings einen **OPEN-SQL** Standard, der die gemeinsame Funktionalität der verbreitesten SQL-Implementierungen abdeckt.

Optimierer. Die folgenden Beispiele sollen seine Aufgaben zeigen und verdeutlichen, wie wichtig dieser Teil des Datenbanksystems besonders bei verteilten DBMS ist.

Ein Unternehmen betreibt Geschäftsstellen in Frankfurt, London und Dallas. Jede Geschäftsstelle besitzt ihren eigenen Rechner (Knoten des Netzes). Diese Rechner sind durch gemietete Standleitungen (die Verbindung wird rund um die Uhr aufrechterhalten) der Post verbunden.

In diesem Unternehmen kommt ein verteiltes DBMS zum Einsatz, in dem folgende Relation definiert ist:

MITARBEITER

MNR	SITZ	ABTNR	VNAME	NNAME
100	Frankfurt	2200	Hans	Korn
200	London	2100	Ben	Pig
220	London	3000	Charles	Webster
225	Frankfurt	1500	Anne	Knuff
310	Dallas	2200	John	Dowd
400	Frankfurt	2200	Karl	Witt
500	Frankfurt	2200	Frank	Furt

Die Relation ist so fragmentiert, daß jedes Tupel (Datensatz), je nach Sitz des Mitarbeiters, physisch in der jeweiligen Geschäftsstelle gespeichert ist. Dies könnte mit folgender SQL-ähnlicher Definition geschehen [Date 85]:

```
DEFINE FRAGMENT   FR
    AS SELECT   MNR, SITZ, ABTNR, VNAME, NNAME
       FROM     MITARBEITER
       WHERE    SITZ  = 'FRANKFURT'

DEFINE FRAGMENT   LO
    AS SELECT   MNR, SITZ, ABTNR, VNAME, NNAME
       FROM     MITARBEITER
       WHERE    SITZ  = 'LONDON'

DEFINE FRAGMENT   DA
    AS SELECT   MNR, SITZ, ABTNR, VNAME, NNAME
       FROM     MITARBEITER
       WHERE    SITZ  = 'DALLAS'
```

Wenn nun mit einem SQL-INSERT-Befehl von einer beliebigen Stadt aus Daten in die Relation geschrieben werden, so entscheidet das VDBMS aufgrund des Inhaltes des Feldes SITZ, wohin der Datensatz gesendet werden muß.

Genauso muß das VDBMS bei der Selektion von Daten mit Hilfe der Informationen aus dem **globalen Data Dictionary** entscheiden, von welchen Knoten aus dem Netz es Daten benötigt und wie es diese so zusammenfügt, daß die Anfrage möglichst schnell und billig beantwortet werden kann, d.h., es müssen die Datenmengen, die von Rechner zu Rechner übertragen werden, die Plattenzugriffe und die CPU-Zeiten minimiert werden. Dabei haben die zu übertragenden Daten mit Abstand den größten Einfluß, da die Leitungsgeschwindigkeiten im allgemeinen den größten Engpaß darstellen.

Verteilte Abfragen

Eine verteilte Abfrage ist ein SELECT, der an einem beliebigen Knoten im Netz abgesetzt wird und der die Daten mehrerer lokaler Datenbanken je nach Bedarf verbindet.

Beispiel 1
```
SELECT  *
FROM    MITARBEITER
```

Wenn dieser Befehl in der Frankfurter Geschäftsstelle abgesetzt wird, müssen alle Daten der Relation von Dallas und London nach Frankfurt gesendet und dort mit UNION intern verbunden werden. Der Optimierer muß lediglich entscheiden, ob die Daten direkt oder über den Umweg einer anderen Geschäftsstelle nach Frankfurt gelangen (evtl. mit Hilfe von Informationen über die derzeitige Netzauslastung). Dabei ist natürlich noch zu berücksichtigen, daß die Leitungen des Netzes unterschiedliche Transfergeschwindigkeiten besitzen können.

Beispiel 2
```
SELECT  *
FROM    MITARBEITER
WHERE   ABTNR = '2200'
```

Auch hier muß der Optimierer den SELECT-Befehl an alle drei Geschäftsstellen senden, da er nicht wissen kann, daß es in London keinen Mitarbeiter mit der Abteilungsnummer 2200 gibt.

Wichtig ist hierbei jedoch, daß die Teilabfragen parallel auf den einzelnen Knoten ausgeführt werden und nur die Ergebnisrelationen über das Netz gehen. Wir nehmen an, daß in unserer Mitarbeitertabelle die Daten von 60.000 Mitarbeitern gespeichert sind, davon 20.000 in jeder Stadt, und daß die Ergebnisrelation sehr klein ist. Da hier drei Rechner parallel nur jeweils ein Drittel der Datenmenge durchsuchen müssen, kann es möglich sein, daß das Ergebnis schneller ermittelt werden kann, als wenn die Relation in ihrer ganzen Größe in Frankfurt liegen würde.

An diesem Beispiel wird auch deutlich, wie durch Einsatz von Datenbankrechnern, die teilweise bis zu mehreren hundert CPUs und damit verbundene Plattenlaufwerke besitzen, durch Ausnutzung der echten Parallelverarbeitung ein großer Geschwindigkeitsvorteil entsteht (siehe auch Kapitel 4.5).

Beispiel 3 Bei der Abfrage

```
SELECT  *
  FROM  MITARBEITER
 WHERE  SITZ = 'Frankfurt'
   AND  NNAME = 'Witt'
```

sollte der Optimierer (evtl. mit Hilfe der Fragmentdefinitionen) feststellen, daß er für ihre Beantwortung nur die Daten aus Frankfurt benötigt und er keinen anderen Knoten des Netzes beschäftigen muß.

Beispiel 4 Wir definieren im Unternehmen eine zweite Relation, in der die Namen der Abteilungen festgehalten werden.

ABTEILUNG

ABTNR	ABTNAME
2200	Betriebsmitteleinkauf
2201	Fertigmaterialeinkauf
2100	Konstruktion
3000	Marketing
...	...

Die Relation soll aus Performancegründen repliziert (Regel 6) auf jedem Knoten gespeichert sein. Sie ist also in ihrer Gesamtheit auf jedem Knoten redundant vorhanden. Wir nehmen an, daß sie 100 Tupel groß ist.

Kapitel 6 Verteilte Datenbanken 149

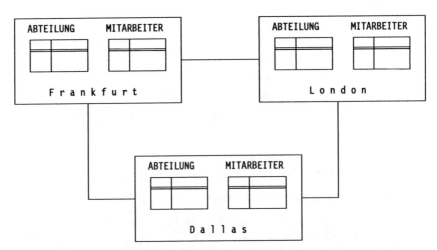

Abb. 6.2 In allen drei Städten liegt ein Drittel der Mitarbeitertabelle sowie die komplette Abteilungstabelle

Suche alle Mitarbeiter im gesamten Unternehmen, die im Einkauf beschäftigt sind:

```
SELECT  M.VNAME, M.NNAME, A.ABTNAME
   FROM   MITARBEITER M, ABTEILUNG A
   WHERE  M.ABTNR = A.ABTNR
   AND    A.ABTNAME LIKE '%einkauf%'
```

Zur Beantwortung der Frage müssen über das Feld ABTNR zwei Tabellen gejoint werden. Der Leser sollte sich wieder selbst die einzelnen Verarbeitungsschritte, die das Ergebnis der Abfrage ermitteln, überlegen.

Optimal wird wohl folgende Vorgehensweise sein:

1. Schritt   Zunächst werden auf dem Knoten, auf dem die Abfrage gestartet wurde, durch die lokale »Teilabfrage«

```
INSERT INTO TEMP1
        SELECT ABTNR, ABTNAME
        FROM   ABTEILUNG
        WHERE  ABTNAME LIKE '%einkauf%'
```

die betroffenen Abteilungsnummern und Namen ermittelt und in einer temporären Relation TEMP1 gespeichert.

150 Die speziellen Anforderungen an den Optimierer im VDBMS

2. Schritt   Aus TEMP1 wird folgende »Teilabfrage« gebildet, die dann an alle drei Knoten gesendet und dort lokal ausgeführt wird:

```
SELECT   VNAME, NNAME
  FROM   MITARBEITER
 WHERE   ABTNR IN ('2200','2201')
```

Die drei Ergebnissrelationen werden zurück an den »Auftragsknoten« gesendet.

3. Schritt   Die Ergebnisrelationen werden dort mit einem UNION zu einer temporären Relation TEMP2 zusammengefügt.

4. Schritt   Durch einen JOIN dieser TEMP2 mit TEMP1

```
SELECT   T2.VNAME, T2.NNAME, T1.ABTNAME
  FROM   TEMP1 T1, TEMP2 T2
 WHERE   T1.ABTNR = T2.ABTNR
```

erhält man das gewünschte Ergebnis:

VNAME	NNAME	ABTNAME
Hans	Korn	Betriebsmitteleinkauf
John	Dowd	Betriebsmitteleinkauf
Karl	Witt	Betriebsmitteleinkauf
Frank	Furt	Betriebsmitteleinkauf
.	.	.
.	.	.
.	.	.

Selbst bei dieser noch relativ einfachen Abfrage sind noch einige hundert Strategien denkbar, die zum gleichen, richtigen Ergebnis führen. Um diese, was die Leitungsbelastung, I/O-Menge und CPU-Belastung betrifft, optimale Vorgehensweise zu entwickeln, benötigt der Optimierer eine Fülle von Informationen über die Größe der Relationen, die Art der Verteilung und der Topologie des Netzes.

Wenn man bedenkt, daß diese Angaben einer gewissen Dynamik unterliegen (die Größe der Relationen verändern sich oder es kommen neue Geschäftsstellen, also Knoten hinzu), ist leicht einzusehen, daß erst zum Zeitpunkt der Ausführung die Abfrage optimiert werden kann und nicht, falls diese Abfrage in einem COBOL-Programm eingebettet ist, schon zum Zeitpunkt der Übersetzung des Programms.

Daran kann man auch erkennen, daß die Abfragesprache eine 4GL, also eine nichtprozedurale Sprache sein muß (siehe Kapitel 4.4.1). Denn nur wenn dem DBMS offengelassen wird, wie es zum Ergebnis gelangt, also die Strategie vom Optimierer während der Laufzeit ermittelt und nicht vom Programmierer fest im Programm verankert und versteckt wird, kann sich eine Applikation automatisch den firmenpolitisch bedingten Änderungen (z.B. Funktionen werden von der einen Geschäftsstelle zu einer anderen verlagert), die eine Änderung der Datenverteilung zur Folge haben, oder performancebedingten Änderungen des Datenbankschemas anpassen.

6.4 Transaktionsverwaltung im VDBMS

In einer verteilten Datenbank, kann eine Transaktion in **Teiltransaktionen** zerfallen, die bestimmte Teilaufgaben auf einem anderen Knoten erledigen. Eine solche Teiltransaktion läuft rein lokal ab, eine Abstimmung mit anderen Knoten ist nicht notwendig [Hans, Knauffels 87].

Bei mehrere Knoten betreffenden Transaktionen übernimmt die Ursprungstransaktion die Koordination. Jeder Knoten meldet das erfolgreiche bzw. nicht erfolgreiche Beenden seiner Teiltransaktion dem Ursprungsknoten (Auftraggeber).

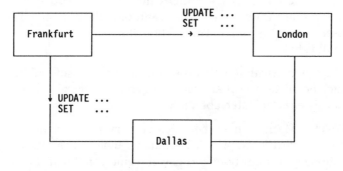

Abb. 6.3 Verzweigung von Teiltransaktionen im Netz

Auch hier gilt, daß eine Transaktion entweder ganz oder gar nicht ausgeführt wird. Wenn also ein Knoten seine Teiltransaktion nicht durchführen konnte, müssen auch alle anderen Knoten (Teiltransaktionen) zurückgesetzt werden. Der Ursprungsknoten muß somit warten, bis alle Knoten ihr O.K. gemeldet haben. Falls ein Knoten dies nicht meldet, muß durch den Ursprungsknoten veranlaßt werden, daß alle Knoten ihre Teiltransaktionen zurücksetzen. Dieser Vorgang wird **Zwei-Phasen-Commit** genannt, da jeder Knoten, obwohl er seine Änderung erfolgreich beenden könnte, nicht selbständig das Commit durchführen darf, sondern dies zunächst dem Auftraggeber meldet und erst nach einer Extraaufforderung des Ursprungsknotens die Teiltransaktion ihre Änderung produktiv macht bzw. zurücksetzt.

Leider hat dieses Verfahren noch eine Lücke: Was geschieht, wenn zwar alle Teiltransaktionen ein O.K. zurückmelden, der Ursprungsknoten daraufhin alle Knoten zum endgültigen Commit auffordert und dann ein Plattenfehler oder ähnliches bei einem Knoten auftritt? Eigentlich müßten nun doch wieder alle Teiltransaktionen rückgängig gemacht werden. Um dieses Problem zu lösen, würde man ein **Drei-Phasen-Commit** benötigen, das allerdings immer noch nicht hundertprozentig lückenlos wäre. Je mehr Phasen in dieses Verfahren eingebaut werden, um so sicherer wird es. Da durch diesen Nachrichtenaustausch die Netzbelastung ansteigt, wird man wohl bei der Phasenanzahl irgendwo ein Mittelmaß finden müssen.

6.5 Synchronisation im VDBMS

Eine Synchronisation von Transaktionen ist dann notwendig, wenn zwei Transaktionen die gleichen Daten ändern wollen oder wenn eine Transaktion Datensätze ändern möchte, während eine zweite Transaktion diese Daten lesen will. Dann darf diese zweite Transaktion erst lesen, wenn die erste Transaktion ihre Änderungen komplett durchgeführt hat.

Wie schon erwähnt, spielt die Synchronisation sowohl bei verteilten als auch bei nicht-verteilten Datenbanken eine zentrale Rolle, da von ihr die Konsistenz der Daten abhängt.

Welche Mechanismen bei nichtverteilten Datenbanken Verwendung finden, wird in Kapitel 5.2 erläutert. Eine Synchronisation der Transaktionen wird nur notwendig, wenn eine von ihnen Daten ändert.

Bevor eine Transaktion Daten ändert, muß in einer Sperrtabelle nachgesehen werden, ob evtl. eine andere Transaktion einen Sperrvermerk eingetragen hat. Wenn ja, dann muß gewartet werden, bis diese die Sperrung frei gibt, also ihre Arbeit beendet hat.

Ein besonderes Problem bei verteilten Datenbanken ist diese Sperrtabelle. Liegt sie zentral auf einem Knoten, verstößt dies gegen die Regeln 1 (Lokale Autonomie) und 2 (kein Verlaß auf einen zentralen Knoten). Es könnte dadurch zu einem Flaschenhals kommen und das

Netz wäre von einem zentralen Knoten abhängig, was bei einem Ausfall dieses Rechners den kompletten Netzzusammenbruch zur Folge hätte.

Es muß also auf jedem Knoten eine solche Sperrtabelle existieren, in der die lokalen Daten gesperrt werden können. Dies erschwert allerdings das Erkennen von **globalen Deadlocks**.

Diese entstehen, wenn z.B. die Transaktion T1 des Knotens Frankfurt darauf wartet, daß die Transaktion T2 des Knotens London einen Lock freigibt und gleichzeitig T2 darauf wartet, daß T1 einen Lock freigibt.

6.6 Recovery im VDBMS

Angenommen, in einem Knoten wird eine Platte zerstört, so daß alle Daten, die auf dieser Platte gespeichert waren, nicht mehr verfügbar sind. Wie können die Daten wiederhergestellt werden?

Wie in einer nicht-verteilten DB wird in einem solchen Fall zunächst eine Sicherung der Platte zurückgespeichert. Diese hat allerdings einen Stand, der üblicherweise einige Tage alt ist. Mit Hilfe des Journal-Files, in dem jede Änderung der Platte protokolliert wurde, wird bis zum Zeitpunkt des Plattencrashs »nachgefahren«. In dieser Zeit steht der Knoten für das Netz nicht zur Verfügung. Die Regel 3 (keine geplanten Ausfallzeiten) ist hier nicht betroffen, da ein solcher Ausfall ja nicht geplant ist. Es muß allerdings sichergestellt sein, daß alle anderen Knoten über den Ausfall informiert werden. Sie müssen in der Ausfallzeit Updates zurückhalten und diese Updates nach Wiederanlauf an den Knoten schicken, der dann die Updates nachträglich durchführt.

Wie aufwendig es ist, eine Datenbank wieder in einen konsistenten Zustand zu bringen, ist ein Qualitätsmerkmal des DBMS. Es gibt Datenbanksysteme, die beim Update eines Feldes die gesamte Page als Journal schreiben. Dadurch wird das Journal-File natürlich unnötig groß und es dauert sehr lange, bis dann nachträglich alle Änderungen auf der Platte nachgefahren sind.

6.7 Aktuelle Produkte

Heute (1990) sind einige Produkte verfügbar, die Teile der zwölf Regeln von C. J. Date erfüllen. Allerdings sind alle Hersteller von Datenbanksystemen zur Zeit mit größten Anstrengungen damit beschäftigt, ihr Produkt so zu erweitern, daß es möglichst alle diese Regeln erfüllt.

Als erstes war 86 der Datenbankhersteller INGRES mit **INGRES/STAR** auf dem Markt. Danach kamen Produkte von ORACLE mit **SQL*STAR**, DEC mit **Rdb** und dem VAX Data Distributor sowie Tandem mit **NonStop SQL**. Einige andere Hersteller wie ADR, NIXDORF und IBM haben Produkte angekündigt.

Außerdem sind einige Prototypen in Entwicklung. Allem voran ist die University of Berkeley mit »**Distributed-INGRES**« zu erwähnen, welches die ersten acht Regeln von Date erfüllt. Aber auch IBM mit **R*** erfüllt die Regeln 1–4 und 7–8.

7

Datenbank-Design

- Normalisierung
- Entity Relationenship Modell (ER-Modell)
- Zusammenfassung

Unter dem »Design einer Datenbank« versteht man das Aufteilen der Daten in physisch getrennte Relationen.

Mit der Datenbank sollen Daten über die reale Welt gesammelt werden. Dies ist korrekt und zuverlässig mit einer Datenbank zu erledigen, wenn deren Struktur ein möglichst getreues Modell des zu bearbeitenden Teilausschnitts der realen Welt darstellt.

Es lassen sich, wenn man sich das Design einer Datenbank genauer ansieht, zwei Hauptschritte unterscheiden:

- **Logisches Datenbankdesign** (Definieren der konzeptionellen und externen Ebene). Darunter versteht man das logische Aufteilen der Attribute (genauer gesagt der Domänen) in unterschiedliche Relationen.

- **Physisches Datenbankdesign** (Definieren der internen Ebene). Dazu gehört im weitesten Sinne die Auswahl eines Datenbanksystems, das Definieren von Relationen und Zweitschlüssel, sowie das Aufteilen dieser Relationen auf verschiedene Plattenlaufwerke.

Während das logische Datenbankdesign notwendig ist, um die Korrektheit der Datenbankoperationen zu gewährleisten, stehen beim physischen Datenbankdesign Performance und die Sicherheit vor Datenverlust im Vordergrund. In diesem Kapitel werden wir uns auf das logische Datenbankdesign und somit auf das Definieren der konzeptionellen und externen Ebene beschränken.

Das beim logischen Datenbankdesign notwendige Aufteilen der Attribute in unterschiedliche Relationen bringt in der täglichen Praxis, also beim Betrieb der Datenbank, nicht nur eine Menge von Vorteilen, sondern auch einige Nachteile mit sich. Hier ein Optimum zu finden, ist in der Praxis meist nicht möglich. In der Regel wird die Datenbank beim ersten Anlegen nach bestem »Wissen und Gewissen« geformt, um dann, im Laufe ihres Lebens x-mal überarbeitet zu werden.

Um dieses Neudesign, mit dem doch meist sehr viel Aufwand verbunden ist, möglichst selten durchführen zu müssen, bemüht man sich gleich beim ersten Mal, keine Fehler zu machen. Doch dazu gehört nicht nur einiges an Erfahrung mit dem eingesetzten Datenbanksystem, sondern auch einiges Wissen über die theoretischen Hintergründe des Datenbank-Designs. Diese Hintergründe wollen wir in diesem Kapitel näher behandeln.

Auch wenn dieses Kapitel beim ersten Lesen sehr theoretisch scheint, sollte man sich nicht entmutigen lassen. In der Praxis werden die hier vorgestellten Regeln des Datenbankdesigns meist unbewußt angewendet. Die erfahrenen Datenbankpraktiker designen eine Datenbank *nur* nach Erfahrung. Allerdings benötigt man einige Jahre Übung, um diese Erfahrung zu erlangen. Wichtig ist vor allem, nicht nur Übung im Design von Datenbanken zu haben, sondern auch einiges an Erfahrung mit den Daten, die in der Datenbank abgelegt werden sollen. Zusätzlich sind auch einige Jahre Programmiererfahrung in Verbindung mit Datenbanken sehr hilfreich.

Wie in allen Wissenschaftszweigen üblich wollte man diese Erfahrungen einer breiteren Masse zugänglich machen, indem man dem Designen von Datenbanken einen wissenschaftlichen Formalismus zugrundelegte. So wurden im Laufe der letzten Jahre einige methodische und visuelle Hilfsmittel entwickelt. Zwei dieser Hilfsmittel haben sich in der Praxis sehr bewährt. Dies sind

- die 5 Normalisierungsschritte und
- das Entity-Relationship-Modell.

Diese Methoden sind nicht an relationale Datenbanken gebunden. Sie werden genauso erfolgreich in Verbindung mit hierachischen und Netzwerkdatenbanken, ja sogar beim Design von Applikationen, die mit Dateien arbeiten, eingesetzt.

7.1 Normalisierung

Unter **Normalisierung** versteht man das Aufteilen der Daten in Relationen in der Art und Weise, daß sie am Ende den **Normalisierungsregeln** entsprechen.

In der Literatur sind bis heute mehr als fünf solcher Regeln zu finden, die jedoch unterschiedliche praktische Bedeutung besitzen. Wir werden uns aufgrund der mehr theoretischen Bedeutung aller Normalisierungsschritte größer fünf in diesem Kapitel auf die ersten fünf und die BCNF beschränken. Diese fünf bauen hierarchisch aufeinander auf:

1NF
  2NF
    3NF
      BCNF
        4NF
          5NF

E. F. Codds Originaldefinition [Codd 72] unterscheidet drei Normalisierungsregeln: 1NF, 2NF, 3NF. Später wurden diese Definitionen von verschiedenen Autoren (z.B. **Boyce/Codd (BCNF) Normalform** [Codd 74]) konkretisiert, dann durch R. Fagin [Fagin 77] um eine 4NF und 5NF [Fagin 79] erweitert. In der Praxis spielen allerdings lediglich die 1. bis 3. NF sowie die BCNF eine Rolle, da vor allem bei sehr großen (komplexen) Datenbanken es sehr schwierig ist, selbst die ersten drei Normalisierungsschritte durchzuführen[1].

7.1.1 Normalisierungsgründe

Es gibt verschiedene Normalisierungsgründe. Diese sind:

- Vermeidung unerwünschter Abhängigkeiten bei DELETE, UPDATE und INSERT-Operationen (Update-Anomalien)

- Veringerung der Notwendigkeit der Umstrukturierung von Relationen bei Einführung neuer Typen von Daten und dadurch Verlängerung der Lebensdauer von Anwendungsprogrammen

- Verständlicheres Datenmodell für Benutzer und Programmierer

- Elimation von Redundanzen

- Das eindeutige Festhalten realitätskonformer Sachverhalte

- Der Datenbankdesigner wird gezwungen, sich systematisch und intensiv mit den Daten zu beschäftigen

Beispiel für DELETE, UPDATE und INSERT-Anomalien

Betrachten wir folgende Beispiel-Datenbank:

ANGEST–PROJ

PNR	ANR	TELNR	% ARBZT
5	1	2334	80
3	1	2334	20
3	2	1000	100
3	3	1001	100
3	4	1002	100
3	5	1003	100
5	6	1004	50
3	6	1004	50

PROJEKTE

PNR	P–NAME	P–BESCHR	P–LEITER
5	IKSS	Kostenschtzg	Hinz
3	HIMMELFAHRT	Finanzverwltg	Kunz

---

[1] Oft zwingen auch die Unzulänglichkeiten des eingesetzten Datenbanksystems (Optimiererschwächen im DBMS) den Datenbankdesigner dazu, mehr nach Performancegesichtspunkten als nach Normalisierungsregeln zu designen.

160 Normalisierung

ANGEST

ANR	NAME	ANSCHRIFT	BERUF	ABTNR
1	Müller	Hauptstr 1	Operator	1
2	Hinz	Am Weiher 8	Physiker	3
3	Kunz	Bahnhofstr 6	Programmierer	2
4	Müller	Hauptstr 1	Programmierer	12
5	Howert	Klausgasse 8	Informatiker	12
6	Fischer	Hinterm Zaun	Informatiker	2

Abb. 7.1 Eine Beispieldatenbank, die aufgrund ihrer schlechten Normalisierung Anomalien bei DELETE, UPDATE und INSERT hervorruft

Die Beziehungen dieser Relationen untereinander kann man folgendermaßen darstellen:

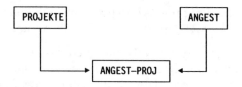

Insertion Anomalie:

Ein neuer Angestellter soll in die Datenbank aufgenommen werden, der sich zunächst einarbeiten soll und daher an keinem Projekt beteiligt ist.

Problem Die Telefonnummer des neuen Angestellten kann nicht abgespeichert werden.

Deletion Anomalie:

Ein Projekt wird abgeschlossen und soll daher aus der Datenbank gelöscht werden.

Problem Für alle Angestellte die nur an diesem Projekt arbeiten, verschwindet somit auch die Infomation über die Telefonnummer.

Update Anomalie:

Die Telefonnummer eines Angestellten ändert sich.

Problem Die gesamte Relation ANGEST-PROJ ist zu durchsuchen und alle Einträge abzuändern, obwohl nur ein Tatbestand sich ändert.

7.1.2 Abhängigkeiten von Attributen

Um die Normalisierungsregeln verstehen zu können, ist es unabdingbar, die verschiedenen Abhängigkeiten von Attributen zu verstehen und in die Klassen

- funktionell abhängig
- voll funktionell abhängig
- transitiv abhängig
- mehrwertig abhängig

einteilen zu können.

Funktionale Abhängigkeit

Definition In einer Relation R(A,B) ist das Attribut B von dem Attribut A funktional abhängig, falls zu jedem Wert des Attributs A genau ein Wert des Attributs B gehört.

Funktional abhängig sind somit solche Attribute einer Relation, die sich in der realen Welt nicht unabhängig voneinander ändern können, ohne daß sich das davon abhängige Attribut mit ändert. Zum Beispiel sind das Gewicht und die Farbe eines Teils von der Teilenummer funktional abhängig. Unterschiedliche Gewichte implizieren unterschiedliche Teilenummern. Die Teilenummer ist allerdings nicht vom Gewicht des Teils funktionell abhängig, denn unterschiedliche Teilenummern implizieren nicht unterschiedliche Gewichte. Oder: Es gibt unterschiedliche Teilenummern mit gleichen Gewichten, aber es gibt keine unterschiedliche Gewichte für gleiche Teilenummern. Aber auch das Attribut P-NAME der Relation PROJEKTE ist funktional abhängig von der PNR.

Wenn ein Attribut B von A funktional abhängig ist, so sagt man auch: A bestimmt B oder A ist **Determinante** von B.

Volle funktionale Abhängigkeit

Definition In einer Relation R(S1,S2,A) ist das Attribut A von den Attributen (Schlüsseln) S1,S2 voll funktional abhängig, wenn A von den zusammengesetzten Attributen (S1,S2) funktional abhängig ist, nicht aber von einem einzelnen Attribut S1 oder S2.

Voll funktional abhängig ist zum Beispiel das Attribut "% ARBZT" (anteilige Arbeitszeit) der Relation ANGEST-PROJ von dem zusammengesetzten Schüssel (PNR,ANR), da "% ARBZT" weder von PNR

162 Normalisierung

noch von ANR alleine funktional abhängig ist. In der Praxis kann man in der Relation ANGEST-PROJ die volle funktionale Abhängigkeit daran erkennen, daß

- es für verschiedene "% ARBZT" logischerweise immer verschiedene Attributkombination (PNR,ANR) geben muß und
- gleiche PNR mit unterschiedlichen "% ARBZT" vorkommen und
- gleiche ANR mit unterschiedlichen "% ARBZT" vorkommen.

Transitive Abhängigkeit

Definition In einer Relation R(S,A,B) ist das Attribut B vom Attribut (Schlüssel) S (der auch ein zusammengesetzter Schlüssel sein kann) transitiv abhängig, wenn A von S funktional abhängig ist, S jedoch nicht von A, und B von A funktional abhängig ist.

Betrachten wir dazu folgende Relation:

S　　　　　　　A　　　B

PE_NR	NAME	ORT	ABT_NR	ABT_NAME
101	Paul	Genf	1	Chemie

Abb. 7.2 Eine Relation mit einer transitiven Abhängigkeit des Attributs ABT_NAME von PE_NR

In der Relation aus Abb. 7.2 ist der Abteilungsname (ABT_NAME) von der Personalnummer (PE_NR) **transitiv abhängig**, da die Abteilungsnummer (ABT_NR) von der Personalnummer abhängig ist, allerdings nicht umgekehrt (also die Personalnummer nicht von der Abteilungsnummer), und der Abteilungsname von der Abteilungsnummer funktional abhängig ist.

Mehrwertige Abhängigkeit

Definition In einer Relation R(A,B,C) ist das Attribut C mehrwertig abhängig vom Attribut A, falls zu einem A-Wert, für jede Kombination dieses A-Wertes mit einem B-Wert, eine identische Menge von C-Werten existieren kann.

Betrachten wir dazu die Relation ARTIKEL:

ARTIKEL   B   A   C

ART_NR	ART_BEZ	ART_ART	LIEF_NR
1	Multisync II	Monitor	1
2	Multisync I	Monitor	1
3	Herkules	Grafikkarte	1
6	P6 +	Drucker	4
7	P7 +	Drucker	4
8	Laser Printer	Drucker	4

In dieser Relation ist Attribut LIEF_NR vom Attribut ART_ART **mehrwertig abhängig**, da für die gleiche ART_ART (z.B. Monitor) mit jeder Kombination mit der ART_BEZ die gleichen LIEF_NR erscheinen. Es ist zu beachten, daß dies in dieser Relation nur dann richtig ist, wenn die gleiche ART_BEZ in Verbindung mit einer ART_ART nur von einem Lieferanten geliefert werden könnte.

7.1.3 Erste Normalform

Definition   Eine Relation ist in der ersten Normalform (1NF), wenn alle Attribute nur atomare Werte beinhalten.

Somit ist eine Relation in der ersten Normalform, wenn ihre dahinter liegenden Domänen nur atomare Werte beinhalten.

Mit anderen Worten: In einer 1NF-Relation ist an jedem Kreuzungspunkt von Attribut und Tupel nur **ein** Wert vorzufinden.

Somit ist die Relation ARTIKEL1 nicht in der ersten Normalform, da das Attribut LIEF_NR sogenannte **Wiederholungsgrupppen** aufweist.

ARTIKEL1

ART_NR	ART_BEZ	ART_ART	LIEF_NR
1	Multisync II	Monitor	1 2
2	Multisync I	Monitor	1 3 6
3	Herkules	Grafikkarte	2 4 7 9
6	P6 +	Drucker	4

Abb. 7.3   Diese Relation ist nicht in der ersten Normalform, da das Attribut LIEF_NR Wiederholungsgruppen aufweist

Welche Probleme bereiten Relationen mit nicht-atomaren Werten? Betrachten wir beispielsweise die Relation ARTIKEL1 aus Abb 7.3:

- Diese Relation soll eigentlich die symetrische viele-zu-viele Beziehung: »ein Artikel wird von mehreren Lieferanten geliefert, ein Lieferant liefert mehrere Artikel« ausdrücken. Allerdings wird diese Beziehung unsymetrisch dargestellt, da *nur* die LIEF_NR Wiederholungsgruppen aufweist.
- Die Relation kann zwar nach der Artikelnummer sortiert werden, nicht jedoch nach der Lieferantennummer.
- Die einzelnen Tupel der Relation haben eine unterschiedliche Länge, da das Attribut LIEF_NR unterschiedlich viele LIEF_NR aufweist.
- Falls das Attribut LIEF_NR eine konstante Länge hat, so müßte es rechtsbündig mit NULL-Werten aufgefüllt werden!
- Wenn das Attribut LIEF_NR beliebig lang sein soll, so ist es einfacher, eine beliebige Anzahl Tupels (somit untereinander) abzuspeichern.
- Die Verarbeitung eines solchen Feldes gestaltet sich als höchst schwierig: Wie wird ein Zufügen, Löschen oder Ändern einer einzelnen Lieferantennummer durchgeführt? Wie kann ein solches Feld mit einer anderen Relation gejoint werden? Sowohl die relationale Algebra als auch SQL kann nur sehr bedingt mit solchen Feldern operieren.

Folgende Relation befindet sich allerdings in der 1NF:

PERSON_1NF

PE_NR	NAME	ORT	ABT_NR	ABT_NAME	PRD_NR	PRD_NAME	ZEIT
101	Paul	Genf	1	Chemie	11	Kali	60
101	Paul	Genf	1	Chemie	12	Verdünner	40

Abb. 7.4: Diese Relation befindet sich (nur) in der ersten Normalform

7.1.4 Zweite Normalform

Definition   Eine Relation ist in der zweiten Normalform (2NF), wenn sie sich in der ersten Normalform befindet und jedes nicht-Schlüssel-Attribut funktional abhängig ist vom Gesamtschlüssel, nicht aber von einzelnen Schlüsselteilen.

Mit anderen Worten: Eine Relation ist in der 2NF, wenn sie in der 1NF ist und jedes nicht-Schlüssel-Attribut voll funktional abhängig ist vom Schlüssel. Durch Aufsplitten der Relation PERSON_1NF aus Abb. 7.4 entstehen drei Relationen, die der 2NF entsprechen:

PERSON_2NF

PE_NR	NAME	ORT	ABT_NR	ABT_NAME
101	Paul	Genf	1	Chemie

PRODUKT

PRD_NR	PRD_NAME
11	Kali
12	Verdünner

PER_PRD

PE_NR	PRD_NR	ZEIT
101	11	60
101	12	40

Abb. 7.5: Alle drei Relationen befinden sich in der zweiten Normalform

Die zweite Normalform kann somit nur verletzt werden, wenn der Primärschlüssel aus mehr als einem Attribut zusammengesetzt ist.

7.1.5 Dritte Normalform

Definition Eine Relation ist in der dritten Normalform (3NF), wenn sie sich in der ersten und in der zweiten Normalform befindet. Ferner sind keine funktionalen Abhängigkeiten zwischen Attributen erlaubt, die nicht als Schlüssel definiert sind.

Mit anderen Worten: Eine Relation ist in der 3NF, wenn sie sich in der 1NF und in der 2NF befindet, und keine transitiven Abhängigkeiten aufweist.

Die Relation PERSON_2NF weist eine transitive Abhängigkeit auf, da ABT_NAME von dem Attribut ABT_NR funktional abhängig ist und nicht vom Schlüssel PE_NR:

PERSON_2NF

PE_NR	NAME	ORT	ABT_NR	ABT_NAME
101	Paul	Genf	1	Chemie

Abb. 7.6 Diese Relation ist nicht in der dritten Normalform, da sie ein transitive Abhängigkeit zwischen den nicht-Schlüssel-Attributen ABT_NAME und ABT_NR aufweist

Durch Auftrennung dieser Relation in PERSON_3NF und ABTEILUNG erhalten wir zwei Relationen, die sich in der 3NF befinden:

PERSON_3NF

PE_NR	NAME	ORT	ABT_NR
101	Paul	Genf	1

ABTEILUNG

ABT_NR	ABT_NAME
1	Chemie

Abb. 7.7   Relationen, die sich in der dritten Normalform befinden

7.1.6 Boyce/Codd (BCNF) Normalform

Definition   Eine Relation ist in der Boyce/Codd Normalform, wenn jede Determinante ein Candidate Key[2] ist.

Die Definition der BCNF ist etwas strenger als die 3NF, die noch zu viele »unsaubere« Relationen zuläßt.

7.1.7 Vierte Normalform

Definition   Eine Relation ist in der vierten Normalform, wenn sie in der dritten Normalform ist und keine paarweise auftretende mehrwertige Abhängigkeiten enthält.

Die Relation PERSON_3NF ist nicht in der 4NF:

PERSON_3NF

PE_NR	SPRACHE	PRD_NR
101	D	11
101	D	12
101	E	11
101	E	12
102	D	11
102	F	11
102	D	13
102	F	13

Abb. 7.8   Diese Relation befindet sich zwar in der dritten Normalform, jedoch nicht in der Vierten

Die PRD_NR ist mehrwertig abhängig vom Attribut PE_NR. Zu jedem PRD_NR Wert für jede Kombination der PRD_NR mit einer Sprache gibt es eine identische Menge von PE_NR Werten.

---

[2] Unter einem Candidate Key wird ein oder mehrere Attribute verstanden, deren Werte eindeutig sind. Siehe Kapitel 2.2.4.

Durch Aufteilen der Relation PERSON_3NF in die zwei Relationen SPRICHT und PRODUZIERT wird sie in die 4NF überführt.

SPRICHT

PE_NR	SPRACHE
101	D
101	E
102	D
102	F

PRODUZIERT

PE_NR	PRD_NR
101	11
101	12
102	11
102	13

Abb. 7.9 Durch Auftrennung der Relation PERSON_3NF entstehen zwei Relationen, die den Regeln der 4NF entsprechen

7.1.8 Fünfte Normalform

Betrachten wir folgende, leicht abgeänderte PERSON_3NF Relation:

PERSON_MOD

PE_NR	SPRACHE	PRD_NR
101	D	11
101	D	12
101	E	11
101	E	12
102	D	11
102	F	11
102	D	13

Abb. 7.10 Diese Relation gleicht der Relation PERSON_3NF bis auf das fehlende Tupel < 102, F, 13 >

Nach einer Zerlegung der Relation PERSON_MOD in die zwei Relationen SPRICHT(PE_NR, SPRACHE) und PRODUZIERT(PE_NR, PRD_NR) kann die ursprüngliche Relation PERSON_MOD nicht mehr rekonstruiert werden.

SPRICHT

PE_NR	SPRACHE
101	D
101	E
102	D
102	F

PRODUZIERT

PE_NR	PRD_NR
101	11
101	12
102	11
102	13

Abb. 7.11 Diese beiden Relationen entstehen durch Zerlegen der Relation PERSON_MOD nach den Regeln der 4NF

Aus dem JOIN dieser beiden Relationen entsteht das Tupel < 102, F, 13 >, das vor der Zerlegung nicht in PERSON_MOD enthalten war:

PERSON_MOD

PE_NR	SPRACHE	PRD_NR
101	D	11
101	D	12
101	E	11
101	E	12
102	D	11
102	F	11
102	D	13
102	F	13

*Abb. 7.12 Der JOIN der Relationen SPRICHT und PRODUZIERT ergibt **nicht** mehr den Inhalt von PERSON_MOD*

Wird die Relation PERSON_MOD allerdings in diese drei Relationen

SPRICHT

PE_NR	SPRACHE
101	D
101	E
102	D
102	F

PRODUZIERT

PE_NR	PRD_NR
101	11
101	12
102	11
102	13

SP_PRDNR

SPRACHE	PRD_NR
D	11
D	12
E	11
E	12
D	13
F	11

Abb. 7.13 Die richtige Zerlegung der Relation PERSON_MOD nach den Regeln der 4NF und der 5NF

zerlegt, dann kann die ursprüngliche Relation PERSON_MOD durch einen Natural-Join rekonstruiert werden.

Das beweist, daß es Relationen gibt, die ohne Informationsverlust nur in drei Relationen anstatt in zwei Relationen zerlegt werden können.

Die Relation PERSON_MOD kann durch einen Natural-Join der drei Relationen SPRICHT, PRODUZIERT und SP_PRDNR rekonstruiert werden, wobei die beteiligten Relationen unterschiedliche Schlüssel aufweisen.

Es handelt sich dabei um eine sogenannte **Verbundabhängigkeit** der Relation PERSON_MOD.

Eine verbundabhängige Relation führt zu Problemen. Daher:

Definition Eine Relation ist in der fünften Normalform, wenn sie unter keinen Umständen aufgrund einer Verschmelzung einfacherer (d.h. weniger Attribute aufweisender) Relationen mit unterschiedlichen Schlüsseln rekonstruiert werden kann.

7.2 Entity Relationenship Modell (ER-Modell)

Wie wir bis jetzt die **Datenmodellierung** – so wird das logische Datenbankdesign auch genannt – aus Kapitel 1 kennengelernt haben, waren jeweils folgende Schritte zu tun:

a) Auswahl der interessanten Attribute aus der realen Welt und

b) Kombinieren dieser Attribute nach den Normalisierungsregeln zu den jeweiligen Relationen.

Diese Vorgehensweise wird, wie bei den Programmiermethoden, **Bottom-Up** genannt, da man vom elementarsten Level beginnt (den Attributen) und mit fertigen Relationen endet. In der Praxis ist diese Vorgehensweise allerdings nur dann anwendbar, wenn die zu strukturierenden Attribute und deren Zusammenhänge vorab sehr genau bekannt sind. Bei sehr vielen verschiedenen Attributen oder bei zunächst relativ unbekannten Daten ist eine solche Vorgehensweise nicht praktikabel. Gerade bei sehr komplexen Datenstrukturen ist es fast unmöglich, die funktionalen Abhängigkeiten zwischen den Attributen festzulegen.

Gerade dann, wenn eine Datenbank mehrere hundert unterschiedlicher Attribute beinhaltet, ist es ratsamer, diese zunächst zu Hauptgruppen wie PROJEKTDATEN, PERSONENDATEN usw., zu sogenannten **Entities**, zusammenzufassen. In einem zweiten Schritt werden dann deren Beziehungen (**Relationenship**) zueinander festgelegt. Somit ist das Entity-Relationenship Modell [Chen 76] eine **Top-Down**-Methode mit den zwei Schritten:

a) Festlegen von Entities und deren Beziehungen zueinander

b) Definieren von Attributen und Relationen für die Entities und Relationenships in der Art, daß am Ende normalisierte Relationen entstehen.

Um Verwechslungen vorzubeugen, sei an dieser Stelle noch einmal auf den prinzipiellen Unterschied zwischen einem Entity und einer Relation hingewiesen. In einem Entity sind entsprechend der Realität funktional zusammengehörende Attribute zusammengefaßt. Eine Relation jedoch ist eine nach den Normalisierungsregeln zusammengestellte Menge von Attributen.

7.2.1 Entity Relationenship Diagramme

Zur Darstellung von Entities und vor allem der Beziehungen zwischen den Entities dienen die sogenannten ER-Diagramme. Ein Entity wird durch dieses Symbol dargestellt:

```
ENTITY-NAME
```

Die Beziehungen zwischen den Entities wird durch eine Linie, die eine Beziehungsbezeichnung enthält, dargestellt. In der Literatur ist als Beziehungssymbol auch manchmal eine Raute zu finden.

Wir definieren eine Projektdatenbank. Dazu benötigen wir Angestellte und Projekte.

Somit haben wir zwei Entities:

```
ANGESTELLTE          PROJEKTE
```

Abb. 7.14 Zwei Entities: ANGESTELLTE und PROJEKTE

Zwischen Angestellten und Projekten besteht eine Beziehung in der Art, daß Angestellte an Projekten arbeiten:

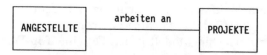

Abb. 7.15 Das Relationenship zwischen den Entities ANGESTELLTE und PROJEKTE ist »arbeiten an«

Die Bezeichnung »arbeiten an« wurde aus der Sicht des Entities ANGESTELLE gewählt. Genauso hätte man die Bezeichnung »werden bearbeitet« von der Sicht der Projekte aus wählen können. Es ist eine reine Philosophiefrage und es muß im Einzelfall jedes mal neu entschieden werden, welche Bezeichnung die bessere ist: die aus der Sicht des einen oder des anderen Entities.

Da ein Projekt einen Projektleiter besitzt, der auch ein Angestellter ist, so existiert noch eine zweite Beziehung zwischen ANGESTELLTE und PROJEKTE, die wir mit »leitet« bezeichen werden:

Abb. 7.16 *Zwischen ANGESTELLTE und PROJEKTE bestehen zwei Beziehungen: »arbeitet an« und »leitet«*

7.2.2 Degree eines Relationenship (Grad einer Beziehung)

Man unterscheidet drei Grade von Entity-Beziehungen:

- 1 : 1   Eins zu eins Beziehung
- 1 : N   Eins zu viele Beziehung
- N : M   Viele zu viele Beziehung

Dieser Grad der Beziehung wird im Entity-Relationenship Diagramm mit den Ziffern 0 bzw. 1 oder mit den Buchstaben N oder M gekennzeichnet:

Die Beziehungsgrade haben folgende Bedeutung:

a) 1 : 1 Beziehung:
Genau ein Angestellter leitet genau ein Projekt. Daraus folgt natürlich auch, daß jedes Projekt von genau einem Angestellten geleitet wird. Es muß jedoch nicht jeder Angestellte ein Projekt leiten und genauso kann es Projekte ohne Projektleiter geben.

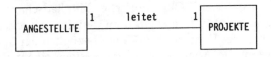

b) 1 : N Beziehung:
Ein Angestellter kann kein, ein oder mehrere Projekte leiten. Allerdings muß jedes Projekt von keinem oder genau einem Angestellten geleitet werden.

172 Entity Relationenship Modell (ER-Modell)

c) M : N Beziehung:
Ein Angestellter kann an keinem, einem oder mehreren Projekten arbeiten. In einem Projekt können kein, ein oder mehrere Angestellte arbeiten.

 Wir definieren, daß ein Angestellter ein oder mehrere Projekte leiten kann und daß ein Projektteam aus mehreren Angestellten bestehen kann. Ein Angestellter kann in mehreren Projekten arbeiten.

Abb. 7.17 ER-Diagramm mit zwei Beziehungen

7.2.3 Mitgliedsklassen

Die Entity-Beziehung 'ANGESTELLTE M arbeitet an N PROJEKTE' sagt nichts darüber aus, ob es Angestellte gibt, die an keinem Projekt arbeiten. Oder ob es Projekte gibt, an denen keiner arbeitet usw.

Solche Aussagen werden mit Hilfe des Begriffs »**obligatorische Mitgliedschaft**« definiert. Obligatorische Mitgliedschaften werden pro Beziehung und Entity festgelegt. Man definiert z.B. eine obligatorische Mitgliedschaft des Entities ANGESTELLTE bezüglich der Beziehung arbeitet an, wenn alle Angestellte an mindestens einem Projekt arbeiten. Wenn es also **keine** Angestellten gibt, die an **keinem** Projekt arbeiten. Insgesamt werden vier solcher Mitgliedsklassen unterschieden:

a) Jeder Angestellte muß mindestens an einem Projekt arbeiten. In jedem Projekt arbeitet mindestens ein Angestellter.

b) Ein Angestellter muß nicht an einem Projekt arbeiten. Es gibt Projekte, an denen kein Angestellter arbeitet.

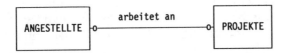

c) Ein Angestellter muß nicht an einem Projekt arbeiten. An jedem Projekt arbeitet mindestens ein Angestellter.

d) Jeder Angestellte muß mindestens an einem Projekt arbeiten. Es gibt Projekte, an denen kein Angestellter arbeitet.

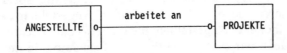

Ein Projekt wird von keinem (keine obligatorische Mitgliedschaft) oder mehreren (1 : N) Angestellten bearbeitet. Ein Angestellter kann an keinem (keine obligatorische Mitgliedschaft) oder mehreren (1 : N) Projekten arbeiten.

Wir definieren außerdem, daß ein Angestellter kein (keine obligatorische Mitgliedschaft), ein oder mehrere Projekte leitet (1 : N) und daß ein Projekt von genau einem Angestellten geleitet wird (obligatorische Mitgliedschaft).

7.2.4 Auflösung des ER-Modells in Relationen

Bei der Auflösung des ER-Models in Relationen ist zunächst darauf zu achten, daß die Relationen so kreiert und die Attribute auf die Relationen so verteilt werden, daß die Beziehungen der Entities in den Relationen abgebildet werden können. Dazu gibt es je nach Beziehungsart und Mitgliedsklasse verschiedene Regeln. Somit gibt es Auflösungsregeln für:

- 1 : 1 Beziehung
  obligatorische Mitgliedschaft bei beiden Entities
  obligatorische Mitgliedschaft bei nur einem Entity
  nicht obligatorische Mitgliedschaft bei beiden Entities
- 1 : N Beziehung
  obligatorische Mitgliedschaft beim N-Entity
  nicht obligatorische Mitgliedschaft beim N-Entity
- M : N Beziehung

Erst in einem zweiten Schritt werden dann die zusätzlich benötigten Attribute auf die dadurch entstandenen Relationen verteilt.

1 zu 1 Beziehung

Wir nehmen an, daß Angestellte Schreibtische besitzen. Dieser wird durch eine Inventarnummer (INVNR) eindeutig spezifiziert. Es gibt keine Schreibtische, die von mehreren Angestellten genutzt werden, und es gibt keine Angestellten, die mehr als einen Schreibtisch besitzen. Somit haben wir eine eindeutige 1 : 1 Beziehung, in der die Beziehung *besitzt* nur noch von der Mitgliedsklasse abhängt.

Obligatorische Mitgliedschaft bei beiden Entities

Angenommen, es gibt keine Schreibtische auf Vorrat, also ohne einen Besitzer und es gibt keine Angestellten, die keinen Schreibtisch besitzen.

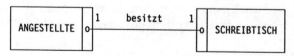

Abb. 7.18 ER-Diagramm mit einer obligatorischen Mitgliedschaft bei beiden Entities in einer 1 zu 1 Beziehung

Diese Beziehung kann in **eine** Relation aufgelöst werden, die folgenden Aufbau besitzt:

ANGESTELLTE

ANG_NR	NAME	INVNR	FLÄCHE
101	Jung	4	4.5
102	Meier	7	3.0
103	Hans	2	6.0

Abb. 7.19 Relation, die eine obligatorische Mitgliedschaft bei beiden Entities in einer 1 zu 1 Beziehung abbildet

Es gibt keinen Grund, für das Entity SCHREIBTISCH oder die Beziehung **besitzt** eine separate Relation anzulegen. Entities und Beziehungen, der später keine entsprechende Relationen zugrunde liegen, werden im ER-Diagramm mit einem * gekennzeichnet.

*Abb. 7.20 Entities und Beziehungen, denen keine entsprechende Relation zugrunde liegt, werden im ER-Diagramm mit einem * gekennzeichnet*

Obligatorische Mitgliedschaft für nur ein Entity

Angenommen es gibt einen neuen Mitarbeiter, der zur Einarbeitung die einzelnen Abteilungen durchlaufen soll. Dieser Mitarbeiter hat keinen Schreibtisch. Allerdings gibt es keine freien Schreibtische so daß jeder Schreibtisch einem Mitarbeiter gehört. Müssen wir jetzt eine extra Relation für die Beziehung **besitzt** kreieren? Nein, man kann diese Beziehung auch in einer Relation darstellen:

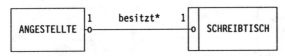

Abb. 7.21 ER-Diagramm mit einer obligatorischen Mitgliedschaft bei einem Entity in einer 1 zu 1 Beziehung

ANGESTELLTE

ANG_NR	NAME	INVNR	FLÄCHE
101	Jung	4	4.5
102	Meier	NULL	NULL
103	Hans	2	6.0

Abb. 7.22 Relation, die eine obligatorische Mitgliedschaft bei einem Entity in einer 1 zu 1 Beziehung mit (unerwünschten) NULL-Werten abbildet

Der NULL-Wert des Angestellten Meier zeigt an, daß dieser Mitarbeiter keinen Schreibtisch besitzt. NULL-Werte machen jedoch bei der Verarbeitung der Daten oft Probleme. Meist sind sie ein Anzeichen für unsauberes Datenbankdesign. Der Grund, warum jetzt NULL-Werte auftreten, liegt an der Tatsache, daß es jetzt mehr Angestellte als Schreibtische gibt, so daß es sinnvoll erscheint, für das Entity SCHREIBTISCH eine extra Relation zu definieren:

ANGESTELLTE

ANG_NR	NAME	INVNR
101	Jung	4
102	Meier	NULL
103	Hans	2

SCHREIBTISCHE

INVNR	FLÄCHE
4	4.5
2	6.0

Abb. 7.23 Eine falsche Auftrennung der Relation ANGESTELLTE eliminiert noch nicht die NULL-Werte

Allerdings wurden dadurch immer noch nicht die NULL-Werte eliminiert. Grund: wir haben die Inventarnummer zum Verbindungsattribut ausgewählt. Besser ist jedoch, das Verbindungsattribut in der Relation zu plazieren, in der eine obligatorische Mitgliedschaft gefordert wurde:

ANGESTELLTE

ANG_NR	NAME
101	Jung
102	Meier
103	Hans

SCHREIBTISCHE

INVNR	FLÄCHE	ANG_NR
4	4.5	101
2	6.0	103

Abb. 7.24 Saubere Definitionen von Relationen, die eine obligatorische Mitgliedschaft bei einem Entity in einer 1 zu 1 Beziehung abbilden

Nicht obligatorische Mitgliedschaft bei beiden Entities

Angenommen, es haben nicht alle Angestellte einen Schreibtisch und es gibt Schreibtische auf Vorrat.

Abb. 7.25 ER-Diagramm ohne obligatorische Mitgliedschaft in einer 1 zu 1 Beziehung

Daraus folgt, daß wir für die Beziehung besitzt eine Beziehungsrelation aufbauen müssen, wenn wir NULL-Werte vermeiden wollen:

ANGESTELLTE			BESITZT			SCHREIBTISCHE	
ANG_NR	NAME		ANG_NR	INVNR		INVNR	FLÄCHE
101	Jung		101	4		4	4.5
102	Meier		103	2		7	3.0
103	Hans					2	6.0

Abb. 7.26 Relationen, die keine obligatorische Mitgliedschaft in einer 1 zu 1 Beziehung abbilden

An diesen doch relativ einfachen Beispielen läßt sich die Komplexität erkennen, die beim Design großer Datenbanken entstehen kann.

1 zu N Beziehung

Betrachten wir als Beispiel wieder unsere Angestellte/Projekt-Beziehung. An einem Projekt arbeiten viele Angestellte. Also eine eindeutige 1 : N Beziehung, die wir arbeitet an nennen wollen. Die Mitgliedsklasse des Entities PROJEKTE, also des Entities mit der 1 am Ende der Beziehungslinie, ist für unsere folgenden Überlegungen unrelevant. Es ist für die Auflösung dieser 1 : N Beziehung also unerheblich, ob es Projekte geben kann, an denen keine Angestellten arbeiten.

Obligatorische Mitgliedschaft beim N-Entity

Angenommen, jeder Angestellte muß an einem Projekt arbeiten (obligatorische Mitgliedschaft im Entity ANGESTELLTE). So ist der einfachste Weg, dies in Relationen auszudrücken, die Projektnummer mit in die Relation ANGESTELLTE aufzunehmen:

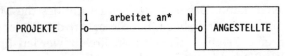

Abb. 7.27 ER-Diagramm mit einer obligatorischen Mitgliedschaft beim N-Entity in einer 1 zu N Beziehung

PROJEKTE	
PNR	P–NAME
5	IKSS
3	HIMMELFAHRT

ANGESTELLTE		
ANR	NAME	PNR
1	Müller	5
2	Hinz	5
3	Kunz	5
4	Müller	5
5	Howert	3
6	Fischer	3

Nicht obligatorische Mitgliedschaft beim N-Entity

Angenommen, nicht jeder Angestellte arbeitet an einem Projekt. Somit würden NULL-Werte beim obigen Relationendesign entstehen. Um dies zu verhindern, werden wir eine dritte Relation einführen, die die Beziehung arbeitet an beinhaltet:

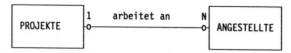

Abb. 7.29 ER-Diagramm ohne obligatorischer Mitgliedschaft beim N-Entity in einer 1 zu N Beziehung

PROJEKTE	
PNR	P–NAME
5	IKSS
3	HIMMELFAHRT

ARBEITET_AN	
PNR	ANR
5	1
5	2
5	3
5	3
3	5

ANGESTELLTE	
ANR	NAME
1	Müller
2	Hinz
3	Kunz
4	Müller
5	Howert
6	Fischer

Abb. 7.30 Relationen, die eine nicht-obligatorische Mitgliedschaft beim N-Entity in einer 1 zu N Beziehung abbilden

M zu N Beziehung

Eine M : N Beziehung ist dann gegeben, wenn mehrere Angestellte an einem Projekt arbeiten können und ein Angestellter an mehreren Projekten arbeiten kann. Dabei ist bei beiden Entities die Mitgliedsklasse für die Auflösung unerheblich. Bei dieser Art der Beziehung muß zur Auflösung eine Relation ARBEITET_AN kreiert werden (in CODASYL-Datenbanken Verbindungs-Record genannt):

```
┌─────────┐ M   arbeitet an   N ┌─────────────┐
│ PROJEKTE├──────────────────────┤ ANGESTELLTE │
└─────────┘                      └─────────────┘
```

Abb. 7.31 ER-Diagramm mit einer viele-zu-viele-Beziehung

PROJEKTE

PNR	P-NAME
5	IKSS
3	HIMMELFAHRT

ARBEITET_AN

PNR	ANR
5	1
5	2
5	3
5	4
5	5
5	6
3	5
3	4
3	3
3	2
3	1

ANGESTELLTE

ANR	NAME
1	Müller
2	Hinz
3	Kunz
4	Müller
5	Howert
6	Fischer

Abb. 7.32 Relationen, die eine viele-zu-viele Beziehung abbilden

7.3 Zusammenfassung

Das Entity-Relationenship Modell beschreibt eine Vielzahl sehr wichtiger Informationen eines logischen Datenmodells. Es beschreibt jedoch nicht die Attribute der Relationen. Diese müssen unter Beachtung der Normalisierungsregeln konventionell ermittelt werden.

Mittlerweile befinden sich auf dem Softwaremarkt einige unabhängige **CASE-Tool**-Hersteller, die den Vorgang der Datenmodellierung mit Hilfe grafischer Oberflächen sehr gut unterstützen. Diese Tools sind meist jedoch nur auf PCs oder Workstations unter einem Window-System verfügbar. Diese Tools basieren in der Regel auf dem ER-Modell in Verbindung mit den ersten drei Normalisierungsregeln sowie der BCNF. Durch Anwendung dieser Tools wird gleichzeitig eine automatische Dokumentation des logischen Datenmodells erstellt. Viele CASE-Tools erlauben die automatische Generierung von CREATE TABLE-Befehlen, die dann im jeweiligen Datenbanksystem das mühselige Eintippen der Tabellendefinitionen ersparen.

8

Die zwölf Regeln zur Bestimmung der Relationalität eines DBMS

- Einführung

- Die zwölf RDBMS Regeln

- Schlußfolgerung

Die derzeit verfügbaren relationalen Datenbank-Management-Systeme basieren nur bedingt auf dem in Kapitel 2 dargestellten relationalen Modell. Fast alle verfügbare Produkte bieten als Abfragesprache SQL und unterstützen somit nur einen Teil der Operationen der relationalen Algebra. Kaum ein DBMS ist in der Lage, die Integrität der Datenbank zu gewährleisten und in keinem DBMS ist es möglich, eine Domäne zu definieren. Trotzdem befinden sich viele relationale DBMS in einem professionellen Zustand, der es erlaubt, große komplexe Datenbanken aufzubauen und zu betreiben. In diesem Punkt sind relationale DBMS mindestens genauso stark wie nicht-relationale.

Zusätzlich zu den »echt-relationalen« DBMS befinden sich sogenannte »relationale Blender« auf dem Mark. Das sind meist solche Datenbanksysteme, die anfangs nicht nach dem relationalen Modell entwickelt wurden. Sie wurden erst relational, indem man sie nachträglich (oft nur durch Aufsetzen einer SQL-Schnittstelle) relational getauft hat. In der Praxis kann sich allerdings das Weglassen auch nur einiger weniger Merkmale des relationalen Modells sehr ungünstig sowohl auf die Benutzbarkeit als auch auf die ökonomischen Vorteile und die Integrität einer Datenbank auswirken.

Die folgenden zwölf Regeln dienen dazu, die zwingenden Vorteile eines RDBMS, wenn jedes einzelne Merkmal des relationalen Modells unterstützt wird, aufzuzeigen. Weiterhin können diese Regeln bei der Beurteilung von relationalen DBMS Produkten helfen. Dies dürfte einfacher und schneller sein, als eine Untersuchung, ob das betreffende System jedes einzelne Merkmal des relationalen Modells unterstützt.

8.1 Einführung

Die nun folgenden zwölf Regeln basieren auf den zwölf von E.F. Codd erstmalig in der Computerworld USA vom 14./21. Oktober 1985 veröffentlichten Regeln [Codd 86-1]. Diese zwölf Codd-Regeln werden im folgenden sinngemäß interpretiert und sind durch ergänzende Kommentare so erweitert worden, daß sie auch für einen, nicht mit dem relationalen Modell vertrauten Leser verständlich sind.

Nach Codd ist ein Datenbank-Management-System erst dann voll relational, wenn es jede einzelne dieser 12 Regeln und jedes einzelne Merkmal des relationalen Modells vollständig unterstützt.

Die folgenden zwölf Regeln basieren auf einer einzigen fundamentalen Regel, die Regel 0 genannt wird:

184 Die zwölf RDBMS Regeln

Regel 0 Jedes System, das als relationales Datenbank-Management-System bezeichnet wird oder von sich behauptet, ein relationales Datenbank-Management-System zu sein, muß in der Lage sein, die gesamte Datenbank mit seinen relationalen Fähigkeiten, wie im relationalen Modell spezifiziert, zu verwalten [Codd 86-1].

Dies muß auch gelten, wenn das System auch einige zusätzliche, nichtrelationale Fähigkeiten unterstützt. Jedes DBMS, das diese Regel 0 nicht erfüllt, kann nicht als ein relationales DBMS gewertet werden.

Eine direktere Konsequenz aus dieser Regel ist, daß die Sprache, mit der auf die Daten zugegriffen wird (z.B. SQL), Datenbank-Insert, -Update und -Delete auf relationalem Niveau (mehrere Datensätze zur gleichen Zeit) unterstützen muß.

»Mehrere Datensätze zur gleichen Zeit« beinhaltet als Spezialfälle die Situationen, in denen kein oder nur ein Datensatz selektiert, eingefügt, verändert oder gelöscht wird. Mit anderen Worten: Eine Relation darf kein oder auch nur ein Tupel (Zeile) umfassen und ist immer noch eine zulässige Relation. Es ist beachtenswert, daß diese Spezialfälle im relationalen Modell keine Sonderbehandlung benötigen.

8.2 Die zwölf RDBMS Regeln

Die folgenden 12 Regeln nehmen **nicht** in Anspruch, daß alles, was bei der Beurteilung eines DBMS zu berücksichtigen ist, im relationalen Modell oder in diesen 12 Regeln enthalten ist.

Regel 1 **Informationsregel**

Jede Information in einer relationalen Datenbank wird ausschließlich auf einer logischen Ebene und nur in genau einer Weise - durch Werte in Relationen - dargestellt [Codd 86-1].

Mit logischer Ebene ist gemeint, daß es unerheblich ist, wie das DBMS die Daten physikalisch auf einer Platte tatsächlich ablegt.

Mit dieser Regel wird explizit das Verpointern, z.B. durch hardwarenahe Adressen wie Sektornummern auf Platten o.ä., auf dieser dem Benutzer zugänglichen, logischen Ebene verboten.

Nicht nur die Anwenderdaten, sondern auch die Namen von Relationen, Spalten und Domänen einer Datenbank müssen als Zeichenketten in Relationen dargestellt werden. Relationen, die solche Informationen enthalten, sind normalerweise Teil des eingebauten

System-Katalogs. Dieser Katalog ist somit auch eine relationale Datenbank - eine, die dynamisch und aktiv ist und die die Meta-Daten (Daten, die die restlichen Daten im System beschreiben) repräsentiert (siehe auch Regel 4).

Viele DBMSe besitzen zusätzliche Fähigkeiten, die z.B. den Anwendungsentwickler bei seiner Arbeit unterstützen. Diese zusätzlichen Fähigkeiten wie beispielsweise eine eigene Programmiersprache für die Online-Programmierung (ORACLE: SQL*Forms; INGRES: OSL) sind Erweiterungen, die das relationale Modell nicht fordert. Auch solche Programminformationen oder Bildschirmmasken sollten relational verwaltet werden.

Es ist Aufgabe des Datenbankadministrators (DBA), die Integrität der Datenbank zu erhalten. Ein weiteres Argument für die Existenzberechtigung dieser Regel ist, diese Aufgabe des DBAs einfacher und effektiver zu gestalten. Nichts ist peinlicher für einen DBA als auf die Frage, ob die Datenbank eine bestimmte Information enthält, nach einer Woche Untersuchung der Platten antworten zu müssen, daß er es nicht wisse.

Diese »Informations-Regel« wurde allerdings nicht nur wegen der Benutzerfreundlichkeit eingeführt, sondern auch um es für Software-Lieferanten möglichst einfach zu machen, zusätzliche Softwarepakete aufzubauen (wie CASE-Tools, Expertensysteme, etc.) die Berührungspunkte zu relationalen DBMS haben und die sinnvoll in ein DBMS integrierbar sind. Diese Pakete benutzen das DBMS, indem sie die bereits im System-Katalog existierenden Informationen selektieren und wenn notwendig, neue Informationen in den DBMS-Katalog (oder einen erweiterten Katalog) eintragen.

Regel 2 **Garantierter Zugriff**

Jedes einzelne Datum (atomarer Wert) in einer relationalen Datenbank ist immer durch eine logische Kombination aus Relationsnamen, Primärschlüsselwert und Spaltennamen erreichbar [Codd 86-1].

Das Grundkonzept des relationalen Modells ist mengenorientiert gehalten. Operationen wie »Lese-Nächsten-Satz« oder »nächste-Spalte« sind bewußt ausgelassen worden. Somit ist es wichtig zumindest einen garantierten Zugriffsweg zu einem einzelnen Wert in der Datenbank zu haben.

Man beachte, daß dieser »Garantierte Zugriff« ein für das relationale Modell einzigartiges Adressierungsschema darstellt. Es hat nichts mit der gebräuchlichen rechnerorientierten Adressierung über Speicheradressen oder ähnlich es zu tun. Die Forderung des relationalen Modells, daß jede Relation einen Primär-Schlüssel ohne NULL-Werte besitzt, ist ein essentieller Bestandteil dieser Regel 2.

Regel 3   Systematische Behandlung von fehlenden Informationen

In einem voll relationalen System werden unabhängig vom Datentyp Indikatoren unterstützt, die auf einer logischen Ebene fehlende Informationen repräsentieren. Diese Indikatoren sind verschieden von der leeren Zeichenkette oder einer Zeichenkette aus Leerzeichen und verschieden von Null oder irgendeiner anderen Zahl. Neben der logischen Repräsentation muß das DBMS für diese Indikatoren Manipulations-Funktionen unterstützten. Auch diese Manipulations-Funktionen müssen unabhängig vom Datentyp der fehlenden Information sein [Codd 86-1].

Mit dieser Regel wird die Unterstützung von sogenannten **NULL-Werten** gefordert, um fehlende Information darzustellen. In der Vergangenheit wurde dafür ein spezieller Wert definiert, der für jede Spalte oder jedes Feld eigen war. Dies wäre in einem relationalen Datenbanksystem ziemlich unsystematisch, da der Benutzer für jede Spalte oder jede Domäne eine eigene Technik anwenden müßte.

Folgendes Beispiel unterstreicht die Notwendigkeit solcher spezieller Indikatoren:

Die Erfassungsmaske für neue Mitarbeiter sieht unter anderem auch das Feld FAMIlienstand und HEIRATSDATUM vor. Welches Datum soll das DBMS in die Tabelle MITARBEITER in der Spalte HEIRATS-DATUM eintragen, wenn der Anwender als FAMIlienstand = LEDIG und im Feld HEIRATSDATUM dementsprechend nichts eingegeben hat? Falls das DBMS nun einen speziellen Wert wie z.B. 01-01-0000 (der evtl. laut der Domäne DATUM ein korrekter Wert ist) abspeichert, so müßten alle Datenbankoperationen, die diese Spalte benutzen (z.B. ein JOIN mit einer anderen Tabelle), diesen Wert speziell berücksichtigen.

Eine schwierige Aufgabe, die den Einsatz eines hohen Sprachlevels erfordert (und eine Aufgabe, die die Produktivität des Benutzers mindern würde).

Um die Integrität der Datenbank zu unterstützen, muß es möglich sein, »NULL-Werte nicht erlaubt« für jede Spalte des Primärschlüssels und für jede andere Spalte zu definieren, falls es der DBA aus Integritätsgründen für erforderlich hält.

Kapitel 8 Die zwölf Regeln zur Bestimmung der Relationalität eines DBMS

Regel 4 **Dynamischer »Online Katalog«, basierend auf dem relationalen Modell**

Die Beschreibung der Datenbank (Meta-Daten) erfolgt auf logischer Ebene, genau wie die Darstellung gewöhnlicher Daten, so daß autorisierte Benutzer genau dieselbe Abfragesprache zur Untersuchung dieser Daten wie auch bei regulären Daten anwenden können [Codd 86-1].

Der Grund für diese Regel ist, daß jeder Benutzer (egal ob Programmierer oder Endbenutzer) nur ein Datenmodell und somit Sprache lernen muß. Dies ist ein Vorteil, der von nicht-relationalen Modellen gewöhnlich nicht geboten wird. Netzwerkdatenbanken nach der CODASYL-Norm und hierarchische Datenbanken wie IMS setzen beim Benutzer voraus, daß er zwei verschiedene Modelle lernt. Eine weitere Konsequenz ist, daß autorisierte Benutzer den System-Katalog leicht erweitern können, wenn es der Software-Produzent versäumt haben sollte, dieses als vollentwickeltes, aktives relationales Data Dictionary auszulegen.

Typischerweise existieren in einem Unternehmen mehrere Datenbanken (z.B. produktive und Test-Datenbank). Regel 4 fordert nun, daß auch die Informationen über alle existierenden Datenbanken (Namen der Datenbanken, wer hat Zugriff auf sie, auf welchen Platten sind die Daten der Datenbank gespeichert usw.) relational verwaltet werden müssen.

Regel 5 **Allesumfassende Sprache**

Ein relationales DBMS (egal wieviel Sprachen es unterstützt) muß zumindest eine Sprache unterstützen, wobei

a) deren Statements über eine wohldefinierte Syntax in Form von Zeichenketten auszudrücken sind, und

b) die allumfassend ist, indem sie alle folgende Punkte erfüllt:

1. Daten Definition
2. View Definition
3. Daten Manipulation (interaktiv und über Programme)
4. Integritätsregeln
5. Autorisierung
6. Transaktionspakete (commit und rollback)

Sowohl bei hierarchischen als auch bei Netzwerk-Datenbanken existiert keine allumfassende Sprache. Bei beiden Modellen kann der Anwender nur über 3GL-Programme auf die Daten zugreifen. Dies macht den Einstieg in ein Datenbanksystem unnötig kompliziert. Die Sprache SQL deckt alle 6 Sprachebenen ab.

Regel 6 Datenänderungen durch Views

Das DBMS enthält einen Algorithmus, der mindestens so leistungsfähig ist wie VU-1 [Codd 87], um zum Definitionszeitpunkt einer »einfachen View« festzulegen, ob es in dieser View erlaubt ist, Tupel einzufügen oder zu löschen, und welche Spalten verändert werden dürfen. Das Resultat dieser Untersuchung wird im System-Katalog abgelegt [Codd 86-1].

Daten sind durch eine View hindurch theoretisch änderbar, wenn ein zeitunabhängiger Algorithmus existiert, der eindeutig feststellt, welche Veränderungen an den darunterliegenden Basis-Relationen gemacht werden müssen um exakt den Effekt zu erzielen, der durch die View gefordert wurde.

Zeitunabhängiger Algorithmus bedeutet hier, daß die Entscheidung, ob die gerade gewünschte Änderung möglich ist oder nicht, nicht von der Art der Änderung oder von den Daten der Basisrelationen abhängig ist. Sie ist einzig und allein von der VIEW-Definition abhängig und kann somit zum Zeitpunkt der VIEW-Definition entschieden werden.

VIEW bei ihrer Definition

Betrachten wir eine View, die

- direkt durch Aufführen von Basis-Relationen ausgedrückt wird, oder
- deren Definition solange erweitert werden kann, bis sie direkt durch Basis-Relationen ausgedrückt wird.

Eine solche View nennt man »einfache View«, wenn ihre Definition in Bezug auf die Basis-Relationen nicht mehr als

- vier Operatoren aus der Klasse: Union, Outer-Union, Differenz und Intersektion,
- vier Operatoren aus der Klasse: Join und Relationale Division,
- doppelt soviele Project-Operatoren als Relationen im Selekt oder im Update genannt sind, und
- doppelt soviele algebraische Selekts als Relationen im Selekt oder im Update genannt sind,

aufweist.

Die generelle Frage, ob ein View »updatable« ist, kann logisch nicht entschieden werden [Buff 86]. Aus diesem Grund bezieht sich Regel 6 nur auf »einfache Views«[1]. Indem man die Klasse aller möglichen Views auf solche »einfache VIEWS« einschränkt, kann man diese Frage beantworten. Diese Klasseneinteilung sollte durch das DBMS und nicht durch den Benutzer durchgeführt werden.

Regel 7 **High-Level Insert, Update und Delete**

Die Fähigkeit, eine Basis-Relation oder eine Ergebnis-Relation wie einen einfachen Operanden zu handhaben, trifft nicht nur für das Selektieren von Daten, sondern auch für das Einfügen, Ändern und Löschen von Daten zu [Codd 86-1].

Die Erfüllung dieser Regel gibt dem System einen viel höheren Spielraum beim Optimieren seiner Laufzeit-Aktionen. Sie erlaubt es dem System, beim Ermitteln des effizientesten Codes den Zugriffspfad selbst festzulegen (siehe auch Kapitel 4). In einer verteilten Datenbank kann sie außerdem bei der effizienten Handhabung von Transaktionen sehr wichtig sein. Dort können die Gesamtkommunikationskosten leicht sehr groß werden (siehe auch Kapitel 6).

Regel 8 **Physische Datenunabhängigkeit**

Anwendungsprogramme und Anwenderoberflächen bleiben logisch unbeeinträchtigt, wenn Veränderungen an der Speicherstruktur oder der Zugriffsmethode vorgenommen werden [Codd 86-1].

Um diese Anforderung zu erfüllen, muß das DBMS eine klare Grenze zwischen den logischen und semantischen Aspekten auf der einen Seite und den physikalischen und Performanceaspekten auf der anderen Seite ziehen[2], wobei sich Anwendungsprogramme nur mit den logischen Aspekten befassen. Ohne diese vollständige Trennung der Anwendungsprogramme von den physischen Aspekten der Daten machen beispielsweise Tuning-Maßnahmen immer wieder Eingriffe in Anwendungsprogrammen erforderlich.

Nicht-relationale DBMS unterstützen diese Regel kaum. So darf beispielsweise, wie bei nicht-relationalen Systemen üblich, kein explizites Zugreifen über Schlüssel in den Anwendungsprogramme codiert werden.

---

[1] [Codd 90] beschreibt was einfache VIEWS sind. Außerdem wird dort sehr detailliert der VU-1 und einen VU-2 Algorithmus beschrieben. Desweiteren wird dort eine DBMS interne Arbeitsweise bei VIEW-Updates vorgestellt.
[2] Dies ist eine der ANSI/SPARC Vorderungen; siehe Kapitel 1.3.

Regel 9 Logische Datenunabhängigkeit

Anwendungsprogramme und Anwenderoberflächen bleiben logisch unbeeinträchtigt von informationserhaltenden Veränderungen an den Basisrelationen, wenn es theoretisch möglich ist, diese Unabhängigkeit zu gewährleisten [Codd 86-1].

Manche Änderungen am Design der Datenbank können bei echt-relationalen Datenbanksystemen vor den Anwendungsprogrammen verdeckt gehalten werden, indem eine VIEW, die dem alten Datenbankdesign entspricht, definiert wird. Zwei Beispiele, bei denen die Basisrelationen verändert werden und bei denen die Anwendungsprogramme theoretisch unbeeinträchtigt bleiben können:

1. Teilen einer Basis-Relation entweder zeilenweise über den Zeileninhalt oder spaltenweise über den Spaltennamen in zwei Relationen, so daß die Primärschlüssel in beiden Ergebnisrelationen erhalten bleiben.

2. Zusammenführen von 2 Basis-Relationen in eine einzige Relation durch einen verlustfreien Join (Stanford University und MIT Autoren nennen diese Joins auch »lossless«).

Regel 9 erlaubt es, das logische Datenbankdesign regelmäßig dynamisch zu verändern, wenn immer es notwendig oder wünschenswert erscheint (zum Beispiel, wenn eine solche Veränderung die Performance verbessern würde).

Die physikalische und logische Datenunabhängigkeit erlaubt es, beim Datenbankdesign Fehler zu machen und bei einem neuen Projekt prototypartig zu starten. Wenn diese Regel nur bedingt erfüllt wird (wie bei nicht-relationalen DBMS), sind nachträgliche Änderungen am Datenbankdesign sehr aufwendig.

Regel 10 Integritätsunabhängigkeit

Integritätsbedingungen, die spezifisch für eine Datenbank sind, müssen mit Hilfe der relationalen Datenbeschreibungssprache definierbar sein und im System-Katalog (nicht in den Anwendungsprogrammen) abgelegt sein [Codd 86-1].

Informationen über nicht ausreichend zu identifizierende Objekte werden niemals in relationalen Datenbanken abgelegt. Dies wird durch die beiden Integritätsregeln (**Entity Integrität** und **Referentielle Integrität**) des relationalen Modells sichergestellt.

Zusätzlich sind in der Praxis jedoch weitere Integritätsregeln notwendig um die Datenbank konsistent zu halten. Dies können firmeninterne

Regeln wie z.B. daß jedes bestellte Fahrzeug fünf Räder und genau einen Motor haben muß, oder Regierungsauflagen sein. Angenommen, das relationale Modell ist gewissenhaft implementiert, dann können diese zusätzlichen Integritätsbedingungen durch die Datenbankabfragesprache definiert und im System-Katalog abgelegt werden (nicht in den Anwendungsprogrammen).

Der Vorteil einer zentralen Definition solcher Integritätsregeln liegt auf der Hand: bei Änderungen dieser Integritätsregeln muß dies nur an einer zentralen Stelle durchgeführt werden. Die Anwendungsprogramme sind somit nicht betroffen. Nicht-relationale DBMS unterstützten diese Regel als Teil des Datenbankdesigns (wo sie hingehört) kaum. Stattdessen hängen sie von einem zusätzlichen Dictionary ab, welches da sein kann oder nicht und welches beim Lesen von Daten umgangen werden kann.

Regel 11 **Verteilungsunabhängigkeit**

Ein relationales DBMS hat Verteilungsunabhängigkeit [Codd 86-1].

Mit verteilungsunabhängig ist gemeint, daß das DBMS eine Datenbankabfragesprache hat, welche es den Anwendungsprogrammen ermöglicht, logisch unbeeinträchtigt zu bleiben, wenn:

1. verteilte Datenhaltung eingeführt wird (falls das zunächst installierte DBMS nur nichtverteilte Daten managen konnte) und

2. wenn die Daten wieder zusammengeführt werden (falls das DBMS zuvor verteilte Daten managte).

Durch diese Regel soll selbst beim nachträglichen Einsetzen eines verteilten Datenbanksystems die physische Datenunabhängigkeit der Programme und Anwenderschnittstellen sichergestellt werden. Diese Regel 11 ist bewußt so vorsichtig definiert, daß sogar ein nicht-verteiltes DBMS in der Lage ist, Regel 11 voll zu unterstützen. Die verbreitetsten relationalen DBMS unterstützen Regel 11 voll, obwohl diese Systeme entweder nicht-verteilt sind oder die Datenverteilung im gegenwärtigen Release nur teilweise unterstützen.

Regel 12 **Unterwanderungsverbot**

Falls ein relationales System über eine »low-level« Sprache (ein Datensatz zu einer Zeit) verfügt, so kann diese »low-level« Sprache nicht dazu benutzt werden, die in der »high-level« Sprache (mehrere Datensätze zu einer Zeit) ausgedrückten Integritätsregeln und Zwangsbedingungen zu verletzen oder zu umgehen [Codd 86-1].

Für ein im Kern nichtrelationales DBMS (relationale Blender), die nur eine SQL-Schnittstelle aufgesetzt bekommen haben, ist Regel 12 extrem schwierig einzuhalten, da diese Systeme bereits eine Schnittstelle unter der relationalen Integritätsschnittstelle haben. Auch wenn das DBMS eine Zugangsberechtigungsprüfung hat, welche nur bestimmten Programmen die Benutzung der »low-level« Sprache erlauben, wäre diese Regel verletzt.

8.3 Schlußfolgerung

Wie noch in Kapitel 9 zum Ausdruck gebracht wird, reicht es bei einer Auswahl des besten DBMS für ein Unternehmen nicht, die Übereinstimmung eines DBMS mit dem relationalen Modell zu prüfen. Es gibt viele klare (und offensichtliche) Beziehungen zwischen den Benutzerbedürfnissen und den hier vorgestellten 12 Regeln. Dies trifft zu, egal ob wir über

- Produktivität von Anwendungsprogrammierern,
- direkten Zugriff auf die Datenbank durch Endbenutzer,
- Einfachheit des Datenbankdesigns und der Datenbankinstallation,
- gewaltige Verbesserung der Kontrolle über die Integrität der Datenbank
- oder den Schutz der Investitionen eines Unternehmens in die Anwendungsprogramme und die Ausbildung ihrer Mitarbeiter

reden.

9

Datenbankauswahl

- Allgemeine Vorgehensweise

- K.O.-Kriterien

- Strategische Kriterien, die sich nur schwer rein technisch beurteilen lassen

- Gewichtung des Anforderungskatalogs

- Ermitteln der Funktionalität eines DBMS

Kapitel 9 Datenbankauswahl

Mittlerweile befinden sich etwa 150 verschiedene Datenbanksysteme auf dem Markt, die sich »relational« bezeichnen. Das Beste unter diesen 150 auszuwählen ist mindestens genauso schwierig, wie die Auswahl der besten Programmiersprache oder des besten Computers. Nicht selten ist das Datenbanksystem, das für das eine Einsatzgebiet als das beste scheint, für ein anderes Einsatzgebiet weniger zu gebrauchen.

Jeder, der sich schon einmal in der Lage befunden hat, ein Datenbanksystem unter vielleicht nur drei in Frage kommenden auszuwählen, weiß, daß auch dies kein leichtes Unterfangen ist. Grundsätzlich läßt sich allerdings feststellen, daß eine Datenbankauswahl am leichtesten fällt, je genauer man das Zielumfeld und die Internas der in Frage kommenden DBMS kennt.

Doch wer kennt schon zum Zeitpunkt einer Datenbankauswahl die zur Auswahl stehenden DBMS genau? Eine Möglichkeit, diesem Dilemma zu entkommen, soll dieses Kapitel aufzeigen, indem eine allgemeine Vorgehensweise für die DBMS-Auswahl vorgestellt wird. Grundsätzlich sollte jedoch die Hilfe eines erfahrenen und unabhängigen Beraters zusätzlich in Anspruch genommen werden. Dieser kann, bei geeigneter Qualifikation, eine Menge Zeit, Geld und späteren Ärger ersparen helfen.

Die technischen Anforderungen an ein gutes relationales Datenbanksystem sind gegenüber den Anforderungen an Netzwerk- oder gar hierarchischen Datenbanken immens gestiegen. Wo man vor noch nicht allzu langer Zeit Datenbanksysteme, die als zusätzliche Funktionalität sogar eine interaktive Abfragesprache in ihrem Lieferumfang mit angeboten hatten, als das Non-Plus-Ultra ansah, erwartet man heute von einem guten relationalen Datenbanksystem nicht nur einen ausgereiften Maskengenerator, Reportgenerator und eine eigene Programmiersprache der vierten Generation, die vielleicht sogar die objektorientierte Programmierung unterstützen soll, sondern eine komplette CASE-Umgebung für den Programmierer. Solche zusätzlichen Anforderungen machen die Datenbankauswahl aufgrund des oft mangelten Know-Hows noch komplexer.

Dieses Kapitel soll all denen einige Entscheidungskriterien zur Hand geben, die vor einem solchen Auswahlprozess stehen. Diese Kriterien dienen als Stichpunktkatalog, nach dem man die in Frage kommenden Datenbanksysteme untersuchen kann.

Vorab muß besonders darauf hingewiesen werden, daß die im folgenden vorgeschlagenen Beurteilungskriterien und im besonderen deren Zusammenfassung nur ein Beispiel darstellen. Im konkreten Beurteilungsprozess müssen diese (und evtl. zusätzliche Kriterien) je nach Einsatzgebiet des zukünftigen DBMS entsprechend geordnet und gewichtet (priorisiert) werden.

9.1 Allgemeine Vorgehensweise

Zunächst wird in Abhängigkeit vom zukünftigen DBMS-Umfeld ein Anforderungskatalog erstellt, der die erwarteten Anforderungen an das zukünftige DBMS enthält. Dieser wird in folgende Abschnitte untergliedert:

- K.O.-Kriterien.
- Strategische Kriterien, deren Erfüllungsgrad sich nur schwer durch eine Zahl ausdrücken läßt.
- Technische Kriterien.

Im zweiten Schritt werden die einzelnen Kriterien und Hauptpunkte in Abhängigkeit des zukünftigen Einsatzgebietes gewichtet. Kriterien, die als besonders wichtig erachtet werden, bekommen eine hohe Gewichtungspunktzahl. Kriterien, die als *nice-to-have* angesehen werden, werden mit einer niedrigen Punktzahl gewichtet.

Im dritten Schritt wird der Erfüllungsgrad der in Frage kommenden DBMS bezüglich der technischen Kriterien untersucht. Für jedes Kriterium wird, je nachdem wie gut das jeweilige DBMS dieses Kriterium erfüllt, eine Punktzahl (EG=Erfüllungsgrad) vergeben.

Im letzten Schritt werden pro technischem Kriterium die vergebenen Punkte mit der Gewichtung multipliziert. Daraus ergibt sich für jedes Kriterium und für jedes DBMS eine Punktzahl (PZ). Das DBMS mit der höchsten Gesamtpunktzahl ist dann für dieses Einsatzgebiet am besten geeignet.

Die technischen Kriterien und der Erfüllungsgrad der einzelnen DBMS werden zu einem Katalog zusammengefaßt, der folgendermaßen aussehen könnte:

Kriterium	Wicht-ung	DBMS1		DBMS2		DBMS3	
		EG	PZ	EG	PZ	EG	PZ
1 Flexibilität der Anwendungsentwicklung und -wartung							
1.1 Erfüllungsgrad der zwölf Anforderungsregeln für RDBMS (Kapitel 8)							
1.2 Datenmanipulationssprache (DML) / DML-Werkzeuge							
1.3 Datendefinitionssprache (DDL) / Data Dictionary							
1.4 Integration der SW-Produkte							
1.5 Physische Begrenzungen des Datenbanksystems							
2 Netzwerkfähigkeit							
2.1 Netzwerk							
2.2 Verteilte Datenbank							
3 Datensicherheit							
3.1 Funktionalität des Backup							
3.2 Funktionalität des Recovery							
4 Datenschutz							
4.1 Hierarchien des Datenschutzes							
4.2 Zugriffsschutz							
5 Betriebsführung							
5.1 Datenbankadministrator-Werkzeuge							
5.2 Laden von Dateien in die und aus der Datenbank							
6 Herstellerunterstützung							
7 Endbenutzertools							
SUMME:							

Abb. 9.1 In einem solchen Beurteilungsbogen werden die technischen Anforderungen an das zukünftige DBMS zusammengefaßt und die einzelnen DBMS-Bewertungen aufgeführt (PZ= Punktzahl, EG=Erfüllungsgrad=PZ*Wichtung)

9.2 K.O.-Kriterien

Hier werden die anfangs schon aufgeführten, unabdingbaren Anforderungen an das zukünftige DBMS (meist unternehmensweite strategische Ziele) aufgeführt.

198 Strategische Kriterien, die sich nur schwer rein technisch beurteilen lassen

Es ist ratsam, unter diesem Kapitel möglichst wenig Punkte aufzuführen, da sonst die Gefahr besteht, daß alle sonst sehr guten Datenbanksysteme schon aufgrund von K.O.-Kriterien nicht mehr in die engere Auswahl gelangen. Diese K.O.-Kriterien können sein:

- bestehende bzw. gewünschte Hardware, die das DBMS unterstützen muß,
- vorhandenes bzw. gewünschtes Betriebssystem, die das DBMS unterstützen muß,
- finanzieller Aufwand, der benötigt wird, um das DBMS im Unternehmen einzuführen (darf gewisse Grenzen nicht überschreiten),
- die bestehende Verbreitung des in Frage kommenden DBMS,
- und Akzeptanzprobleme bei zukünftigen Anwendern, Programmieren oder des DBAs.

9.3 Strategische Kriterien, die sich nur schwer rein technisch beurteilen lassen

Unter diesem Punkt werden zunächst allgemeine Angaben, die nicht mit ja oder nein bzw. durch eine exakte Zahl ausgedrückt werden können, aufgeführt. Meist sind diese Angaben nur bedingt für die eigentliche Datenbankauswahl relevant.

Dies könnten zum Beispiel folgende Kriterien sein:

- Derzeitiger Reifegrad der Produkte (Leistungsumfang und Effizienz) der Produktpalette im geplanten Hard- und Softwareumfeld.
- Langfristige Perspektiven der Produkte unter Berücksichtigung zukünftiger Hard- und Softwareentwicklungen.
- Grad der Abhängigkeit vom DBMS-Hersteller.
- Existenz und Weiterentwicklungsfähigkeit des Herstellers.
- Homogenität der Produkte in Abhängigkeit des schon vorhandenen und zukünftigen Hard- und Softwareumfelds.
- Externes Personalangebot und vorhandenes Know-How für dieses Datenbanksystem.
- Portabilität (Unterstützung von Standards).
- Allgemeine Hersteller- und Produktdaten.

Bezüglich des Produkts bzw. des Herstellers sollten somit folgende Punkte bekannt sein:

Marktrepräsentanz des DBMS Herstellers:

- Weltmärkte
- Umsatz und Umsatzentwicklung
- Anzahl Mitarbeiter (BRD und weltweit)
- Anzahl Installationen (BRD und weltweit)
- Anzahl Installationen auf dem Zielbetriebssystem (BRD und weltweit)
- Zuwachs der Installationen auf dem Zielbetriebssystem (BRD und weltweit) bezüglich der letzten Jahre
- Verteilung der Installationen auf die unterstützten Betriebssysteme
- Referenzen für annähernd vergleichbare Anforderungen und Datenvolumen
- Anzahl der Versionswechsel und der zu erwartende Aufwand pro Versionswechsel
- Verfahrensweise bei Behebung von auftretenden Fehlern im DBMS (Bugs) zwischen zwei Versionen

DV-technisches Umfeld des DBMS-Herstellers:

- Unterstützte Hardware, aufgegliedert nach Rechnergrößen
- Notwendige HW -/SW - Features
- Nicht oder nur bedingt unterstützte HW-Eigenschaften (z.B. VAX-Cluster, Multiprozessoren, gespiegelte Platten usw.)
- Welche Betriebssysteme werden sonst noch unterstützt?

Weiterentwicklung:

- Welches ist die aktuelle Version?
- Wann ist der nächste, wann war der letzte Versionswechsel?
- Was sind die gravierenden Änderungen der nächsten Version?
- Einflußmöglichkeiten der Benutzer, Benutzervereinigungen
- Zugrundeliegende Programmierspache

- Wo (örtlich) und unter welchem Betriebsystem erfolgt die Weiterentwicklung und Wartung des Systems?
- Kooperationen mit HW-und SW-Herstellern.

Preise:

- Einzellizenzen pro CPU
- Evtl. sonstige Kosten für benötigte Tools
- Rabatte für Netzwerke
- Laufende Kosten durch Versionswechsel, Hotline, zusätzliche Manuals, Schulung für Programmierer, Anwender und DBAs, Beratungen
- Laufzeit Versionen (nur DBMS ohne Entwicklertools).

9.4 Technische Kriterien

Warum möchte man ein relationales Datenbanksystem einsetzen? Unter den Antworten wird an oberster Stelle die Hoffnung auf eine flexiblere (kostengünstigere) Anwendungsentwicklung bzw. einfachere Änderungen an bestehenden Systemen genannt. So sollte das zukünftige DBMS vor allem diesen Punkt besonders gut unterstützen.

Um dies zu gewährleisten, sind die hier mehr oder weniger detaillierten Kriterien nach solchen Hauptanforderungen zusammengefaßt. Diese Hauptanforderungen sind

- Flexibilität der Anwendungsentwicklung und -wartung
- Netzwerkfähigkeit
- Datensicherheit
- Datenschutz
- Betriebsführung
- Herstellerunterstützung
- Endbenutzertools

Im folgenden sind nun die zu beachtenden Punkte des technischen Datenkatalogs im Detail aufgelistet. Manche Punkte sind unter verschiedenen Hauptkapiteln mehrmals aufgeführt. So wirkt sich der

Punkt »Wie effektiv wird der Speicherplatz verwaltet? (Datenkomprimierung)« sehr positiv auf den benötigten Speicherplatz der Daten aus. Er kann jedoch, bei starker Komprimierung, auch einen negativen Einfluß auf das Laufzeitverhalten des Systems haben. So muß ein solcher Punkt sowohl beim Kapitel Performance als auch beim Kapitel effektive Speicherplatzverwaltung seinen Einfluß ausüben.

1 Flexibilität der Anwendungsentwicklung und -wartung

1.1 Erfüllungsgrad der zwölf Anforderungsregeln für RDBMS (Kapitel 8)

- Regel 1 Informationsregel
- Regel 2 Garantierter Zugriff
- Regel 3 Systematische Behandlung von fehlenden Informationen
- Regel 4 Dynamischer »Online Katalog«, basierend auf dem relationalen Modell
- Regel 5 Allesumfassende Sprache
- Regel 6 Datenänderungen durch Views
- Regel 7 High-level Insert, Update und Delete
- Regel 8 Physische Datenunabhängigkeit
- Regel 9 Logische Datenunabhängigkeit
- Regel 10 Integritätsunabhängigkeit
- Regel 11 Verteilungsunabhängigkeit
- Regel 12 Unterwanderungsverbot

1.2 Datenmanipulationssprache (DML) / DML - Werkzeuge

- Konkurrierendes Lesen und Schreiben (Synchronisation paralleler Transaktionen):
  - Daten ändern, während andere lesen
  - Konsistentes Lesen, während andere 'updaten'
  - Ist Update ohne Setzen eines Locks möglich? (sinnvoll bei Stand-alone-Dateien/Tabellen)
  - Lock auf, Feldebene, Satzebene, Pageebene, Tabellenebene, Datenbankebene, Systemebene
  - Automatisches Erkennen von Deadlocks

- Auflösen von Deadlocks
- Performance beeinflussende Faktoren:
  - Kann I/O-Cachegröße variiert werden?
  - Cache-Verwaltung (wird nach einem Update der Puffer im I/O-Cache sofort physisch geschrieben oder möglichst lange im Cache gehalten?)
  - Können Sätze physisch als Cluster gespeichert werden?
  - Kann der Datenkompressionsvorgang ein- und abgeschaltet werden?
  - Kann der Schlüsselkompressionsvorgang ein- und abgeschaltet werden?
  - Können mehrere Felder als ein Schlüssel definiert werden?
  - Kann der Schlüssel als eindeutig definiert werden?
  - Kann ein phonetischer Schlüssel gebildet werden?
  - Direktzugriff über
    B-Baum
    ISAM
    Datenbank-Schlüssel
    Hash
    invertierte Listen
  - Werden Datenbankstatements vorübersetzt? (besonders wirksam bei Programmschleifen und OLTP-Anwendungen)
  - Ist der Code reentrant? (d.h. wird gleicher DBMS-Code im Hauptspeicher mehrmals gehalten; dies beeinflußt die effektive Auslastung des Hauptspeichers)
  - Wieviele Prozesse werden durch das DBMS kreiert?
  - Wie performance-effektiv wird physischer Speicherplatz verwaltet? (wie performance-effektiv wird nach Datenänderung in der physischen Datenseite automatisch reorganisiert?)
  - Ausbalancierung der Indexbäume (werden in regelmäßigen Abständen die Indexbäume automatisch reorganisiert?)
  - Wie effektiv ist die Speicherplatzverwaltung der Datenbankdaten auf Platte? (bezüglich Plattenplatzbedarf und Performance)
  - Automatisches Optimieren der Suchabfrage
  - Automatisches Optimieren der Suchabfrage, anzeigbar (anzeigbar bedeutet, der gefundene Weg des Optimierers kann dargestellt werden)

- Abhängigkeit der Programme vom logischen Datenbank-Design
  - Wie »nicht-prozedural« ist die mitgelieferte 4-GL?
  - Wie nicht-prozedural sind die DML-Statements in der 3-GL-Sprache?
  - Welche Programmiersprachen werden unterstützt?
- Hardwareunterstützende Faktoren
  - Inwieweit werden Multiprozessor-Computer unterstützt? (kann der Datenbankprozess gleichzeitig auf mehreren Knoten oder nur auf einem laufen; inwieweit werden dabei die Datenbankfunktionen unterstützt?)
  - Inwieweit wird das Prinzip »Gespiegelte Platten« unterstützt?
- Kompatibilität / Portierbarkeit
  - Kompatibilität zu ANSI-SQL und OPEN-SQL (in der 4-GL und 3-GL embedded Sprache)
- DML-Funktionalität der 3-GL (embedded) und der 4-GL (Applikationsentwicklungssprache)
  - Unterstützte Datentypen
  - Können neue, eigene Datentypen definiert werden?
  - Nullwerte (ist die Nichtexistenz von Werten durchgängig realisiert?)
  - Konvertierungsfunktionen für alle unterstützte Datentypen, z.B. Character, Date, Money...
  - Arithmetische Anweisungen für
    trigonometrische Funktionen
    Gruppenfunktionen
    Grundrechenarten
    zusätzliche Datentypen wie Date, Money, BLO (Binary Large Object) usw.
  - Existieren Zeichenkettenfunktionen?
  - Unterstützung der verschiedenen JOIN-Arten (Inner Join, Outer Join, Auto Join usw.)
  - Mengenoperationen bzgl. relationaler Algebra (Bildung von Vereinigungs-, Durchschnitts- und Differenzmengen)
  - Unterprogrammverarbeitung (3-GL und 4-GL)
  - Mischung von 3-GL und 4-GL Modulen

- Welche DML-Statements können auf Views angewandt werden?
- Unterstützung von Views (wieviele Hierarchien, Check Option, Kontrolle bei Drop View und DROP Table)
- Inwieweit ist die Anzahl der Tabellen pro Abfrage begrenzt?
- Grenzen in der Schachtelungstiefe pro Abfrage (Subselekts)
- Unterstützung von objektorientierten Programmiersprachen und Datentypen.

- Programmelemente der 4-GL Sprache
  - Variablendefinition mit eigenen Datentypen, globale/lokale Variable
  - Prozedurendefinition (welche Arten der Parameterübergabe)
  - Schleifenverarbeitung
  - Sprunganweisungen
  - Können bedingte Anweisungen formuliert werden? ("if ... then ... else")
  - Wird Rekursion unterstützt?

- DML-Werkzeuge
  - Funktionalität des Report-Writers
  - Wie flexibel ist die Schnittstelle zwischen Maske und Datenbank?
  - Freizügigkeit bei der Erstellung des Masken-Layouts
  - Kann die Maske interaktiv erstellt werden?
  - Existiert eine Default-Maske?
  - Ist die Maske in der 3-GL uneingeschränkt verwendbar?
  - Existiert eine HELP-Funktion (mehrsprachig)?
  - Existiert eine interaktive Testeinrichtung (debugging)?
  - Funktionalität der Menüerstellung
  - Funktionalität von Graphikfunktionen
  - Funktionalität von Textverarbeitungsfunktionen
  - Existiert ein leicht zu handhabendes Abfrage-Tool?
  - Ist 4-GL im Batch- und Online-Betrieb ablauffähig?
  - Funktionalität der Programm- und Maskenverwaltung (Versionskontrolle, Änderungsprotokolle, Rekonstruktionen von Versionen)
  - Unterstützung von großen Entwicklergruppen

Kapitel 9 Datenbankauswahl

1.3 Datendefinitionssprache (DDL) / Data Dictionary

- Sind DDL-Statements im laufenden Betrieb anwendbar? (ist dies möglich, ohne daß die Datenbank teilweise oder ganz inaktiviert werden muß?)
- Inwieweit ist DDL in der 3-GL verwendbar?
- Hinzufügen, Ändern von Typ oder Namen sowie Löschen von Feldern/Spalten (ohne Reorganisationsmaßnahmen)
- Feld mit Integritätsbedingungen belegen (im Data Dictionary definiert; nicht gemeint sind z.B. Plausibilitätsprüfungen in Programm/Maske)
- Kann Tabelle als Ergebnis einer Abfrage angelegt werden? (muß Tabelle explizit im Sinne von »Create« definiert werden?)
- Kann Tabellenname/Viewname geändert werden?
- Ist Data Dictionary mit vorhandener 4-GL auswertbar?
- Können Kommentare im Data Dictionary abgelegt werden?
- Können Synonyme vergeben werden? (betrifft Felder, Schlüssel, Tabellen im Data Dictionary)
- Können mehrere Versionen von Tabellen gehalten werden?
- Werden temporäre Tabellen unterstützt?

1.4 Integration der SW-Produkte

- Integration der SW-Produkte untereinander
- Integration mit Betriebssystem-Komponenten des HW-Herstellers
- Wie weit ist die Benutzeroberfläche einheitlich?
- Unterstützung von mehrsprachigen Applikationen

1.5 Physische Begrenzungen des Datenbanksystems

- Inwieweit ist Anzahl der Knoten im Netzwerk begrenzt?
- Unbegrenzte Datenbank-Benutzeranzahl?
- Inwieweit ist Anzahl der Datenbanken pro Knoten begrenzt?
- Inwieweit ist Anzahl der Schlüssel pro Tabelle begrenzt?
- Maximale
    Feldlänge
    Schlüssellänge
    Satzlänge

Namenslänge
Felderanzahl pro Satz
- Unbegrenzte Anzahl von Tabellen pro Datenbank?
- Maximale Programmgröße (Kb oder Zeilen) der 3GL und 4GL

2 Netzwerkfähigkeit

2.1 Netzwerk

- Unterstützte Kommunikationsprotokolle
- Fernadministration (Start-Stop-Möglichkeiten für die Datenbank, Remote ohne explizites Einloggen, zentrale Steuerung von einem Knoten aus)
- Unterstützung heterogener Knoten (welche Interfaces zu anderen Datenbanksystemen existieren)

2.2 Verteilte Datenbank

- Erfüllungsgrad der »Date Regeln« (Kapitel 6)
  1. Lokale Autonomie
  2. Kein Verlaß auf einen zentralen Knoten
  3. Unterbrechungsfreier Betrieb
  4. Standortunabhängigkeit
  5. Fragmentierungsunabhängigkeit
  6. Replikationsunabhängigkeit
  7. Verteilte Query
  8. Verteiltes Transaktionsmanagement
  9. Hardwareunabhängigkeit
  10. Betriebssystemunabhängigkeit
  11. Netzwerkunabhängigkeit
  12. DBMS-Unabhängigkeit
- Welche Konsistenzsicherheiten werden geboten?
- Daten-Extraktion (Kopierfunktionen von Datenbankbereichen von einem Knoten zum anderen)
- Lesende Verknüpfung mehrerer Knoten in einer Transaktion (nur Ergebnisdaten gehen über das Netz, nicht die kompletten Tabellen)
- Automatische parallele Abarbeitung einer Transaktion auf verschiedenen Knoten (wird die Abfrage vom Optimierer automatisch zerlegt und parallel abgearbeitet?)

- Scheduling-Funktionen (inwieweit können sowohl selbständige, sowie regelmäßig anlaufende, verteilte Transaktionen im Data Dictionary definiert werden?)
- Updaten mehrerer Knoten in einer Transaktion (Mehr-Phasen-Commit)
- Funktionalität der globalen Lockmechanismen (Deadlock-Erkennung)

3 Datensicherheit

3.1 Funktionalität des Backup

- Export/Import auf Datenbankebene, Tabellenebene
- Sicherung der Datenbank während des laufenden Betriebs (wichtig für 24-Stundenbetrieb)

3.2 Funktionalität des Recovery

- Automatisches Recovery nach Systemabbruch (wichtig für operatorlosen Betrieb)
- Optionales Recovery nach Systemabbruch (kann das automatische Recovery abgeschaltet werden?)
- Mehrfache Log-Dateien (kann die Logdatei (Journal) gleichzeitig z.B. auf Platte und Band geschrieben werden?)
- Komprimierungsrate der Log-Datei (beeinflußt Speicherplatzbedarf und Wiederanlaufzeit)
- Auswertbarkeit der Log-Datei (After-Image) mittels 4-GL

4 Datenschutz

4.1 Hierarchien des Datenschutzes

- Datenschutz auf
    Systemebene
    Datenbankebene
    Tabellenebene
    Pageebene
    Satzebene
    Feldebene

4.2 Zugriffsschutz

- Weitergabe von Berechtigungen (kann das Recht, Zugriffsberechtigungen zu vergeben, weitergegeben werden?)
- Können Berechtigungen für Programme vergeben werden?
- Zugriff von Menüfunktionen benutzerabhängig?
- Kann die Zugriffsberechtigung Benutzergruppen zugeordnet werden?
- Kann der Zugriff von einer Terminaladresse abhängig gemacht werden?
- Kann die Tabellenexistenz geheimgehalten werden?
- Können Daten chiffriert werden?
- Zugriffsprotokollierung (Auditing)
- Änderungsaufwand für den Datenschutz

5 Betriebsführung

5.1 Datenbankadministrator-Werkzeuge

- Existieren Werkzeuge für das Datenbank-Design?
- Start-Stop-Möglichkeiten für die Datenbank, lokal
- Vorhandensein und Funktionalität des Performance-Monitors
- Auswertbarkeit der Daten des Performance-Monitors (sind die Daten des Performance-Monitors mit den vorhandenen 4-GL-Möglichkeiten und/oder grafisch auswertbar?)
- Aufwand für Anpassung von Systemparametern/Konfigurationen
- Laufender Aufwand für DBA

5.2 Laden von Dateien in die und aus der Datenbank

- Werden alle Datentypen unterstützt?
- Perfomance des Ladens
- Wahlweise Laden als eine Transaktion

6 Herstellerunterstützung

- Qualität der Dokumentation
- Onlineverfügbarkeit der Dokumentation
- Support durch den Hersteller

7 Endbenutzertools

- Qualität der Endbenutzertools
- Integration der Endbenutzertools in das Gesamtsystem
- Schnittstellen zu PC-Tools
- Dokumentation der Endbenutzertools (endbenutzergerecht)

9.5 Gewichtung des Anforderungskatalogs

Nachdem der Anforderungskatalog für das zukünftige DBMS ausreichend detailliert und gegliedert ist, werden die einzelnen Kriterien und Hauptpunkte in Abhängigkeit des zukünftigen Einsatzgebietes gewichtet.

Die Gewichtung sollte mit allen, die zukünftig mit dem DBMS in Berührung kommen, abgestimmt werden. Dies sind nicht nur der DBA und die Programmierer, sondern auch der Betriebssystemverwalter und andere Abteilungen des Rechenzentrums, das Management und der firmeninterne Datenschutzbeauftragte.

Um Akzeptanzprobleme im Vorfeld zu vermeiden, ist es unabdingbar, daß die zukünftigen Anwender ihre Anforderungen an die Anwenderoberfläche mit in die Gewichtung einbringen. Es ist ratsam, bei Präsentationen von Datenbanksystemen die zukünftigen Anwender mit einzubeziehen.

9.6 Ermitteln der Funktionalität eines DBMS

Wenn der Anforderungskatalog so gewichtet ist, daß alle Betroffenen mit den vorhandenen Punkten und deren Gewichtung einverstanden sind, kann mit dem wohl schwierigsten Abschnitt der Datenbankauswahl begonnen werden: die funktionelle Beurteilung der in der Auswahl stehenden DBMS bezüglich der Anforderungskriterien.

Im einfachsten Fall schickt man einen Fragenkatalog (natürlich ohne Gewichtung) an den DBMS Hersteller mit der Aufforderung, die einzelnen Fragen zu beantworten. Oder man besorgt sich eine der vielen auf dem Markt befindlichen Datenbankstudien (die meist auf dem gleichen Weg erstellt wurden) und entnimmt ihnen die benötigten Angaben.

Am besten ist es jedoch, die gesamte Datenbankauswahl in Zusammenarbeit mit einem unabhängigen Berater durchzuführen. Aber auch die Auswahl eines Beraters ist eine nicht triviale Angelegenheit und sollte mit Hilfe entsprechender Referenzen gesichert werden.

Eine weitere Möglichkeit (und vieleicht die Beste) ist eine Testinstallation auf dem vorgesehenen Zielrechner und Zielbetriebssystem. Dies hat den Vorteil, daß die wichtigsten DBMS Optionen beliebig intensiv ausgetestet werden können. Dieses Testen auf dem Zielrechner sollten nach Möglichkeit der zukünftige DBA und die Programmierer nach einer Standardschulung gemeinsam durchführen. Da solche Tests allerdings gewöhnlich ein bis drei Monate pro DBMS in Anspruch nehmen, kann auch hier ein erfahrener Berater helfen, kostbare Zeit zu sparen.

Anhang A

Glossar

Alternate-Key
Attribute (Attributkombinationen), die aus Performancegründen als alternative Schlüssel definiert wurden. Sie werden auch Secondary-Key (Zweit-Schlüssel) genannt.

Anomalien
Nicht erwartete Ergebnisse bei INSERT, UPDATE und DELETE-Operationen. Sie entstehen durch schlecht normalisierte Tabellen.

Attribut
Der Begriff Attribut des relationalen Modells entspricht dem Begriff Spalte einer Tabelle.

Ausbalanciert
Eine baumartig organisierte Indexstruktur ist dann ausbalanciert, wenn auf der linken Seite des Baumes genauso viele Knoten sind wie auf der rechten Seite.

AUTO-JOIN
Auch Self-Join genannt, ist eine Verknüpfung einer Relation (Tabelle) mit sich selbst.

Basis-Tabelle
ist (im Gegensatz zu einer View) eine Tabelle, die Daten physisch, in der Regel auf einer Magnetplatte, aufnimmt.

Candidate-Key
Alle Attribute (oder Attributkombinationen) einer Relation, die immer eindeutige Werte besitzen, kommen für einen Primärschlüssel in Frage und sind somit ein Candidate-Key (Kandidat für einen eindeutigen Schlüssel).

Cardinalität
Anzahl der Tupel/Sätze einer Relation/Tabelle.

COMMIT
Durch ein Commit wird eine Transaktion unwiderruflich abgeschlossen. Ein Rollback ist für diese Transaktion nicht mehr möglich.

Concurrency
Konkurrierend: mehrere Programme (Anwender) greifen zur gleichen Zeit auf ein und die selben Daten zu.

Data Dictionary
Im Data Dictionary werden die gesamten Beschreibungen der Daten und ihrer Zusammenhänge (Tabellenstruktur) verwaltet. In relationalen DBMS wird das Data Dictionary auch als System-Katalog bezeichnet.

Datenbank-Rechner
Ein, bezüglich optimaler Performance konstruierter, dedizierter Rechner. Meist beruht sein gutes Preis/Leistungsverhältnis auf die parallele Ausnutzung mehrerer CPUs und Platten.

Datentypen (SQL)
ANSI-SQL unterstützt acht Datentypen:

CHARACTER, NUMERIC, DECIMAL, INTEGER, SMALLINT, FLOAT, REAL und DOUBLE PRECISION.

DDL
Data Definition Language (Daten-Definitions-Sprache). Hierunter versteht man alle Datenbankanweisungen, mit denen die logische Struktur der Datenbank beschrieben wird. Hierzu gehört z.B. der CREATE TABLE-Befehl.

Deadlock
Ist das gegenseitige Blockieren zweier Transaktionen. Dazu kommt es, wenn zwei Transaktionen jeweils ein Objekt locken und auf die Freigabe des jeweils von der anderen Transaktion gelockten Objekts warten.

Degree
Ausdehnungsgrad (Anzahl der Spalten einer Tabelle/Relation).

DIFFERENCE
Die relationale Operation Difference bildet eine Relation, die alle Tupel der ersten Relation abzüglich der Tupel der zweiten Relation enthält.

DML
Data Manipulation Language (Daten-Manipulations-Sprache).

Dazu zählen alle Anweisungen an das Datenbanksystem, die dazu dienen, die Daten zu verarbeiten. Hierzu gehören z.B. der UPDATE- und der SELECT-Befehl.

Domäne
Der Begriff Domäne stammt aus dem relationalen Modell. Die Domäne definiert den Wertebereich eines Attributs. Sie ist somit eine Art Datentyp.

EBNF
Erweiterte-Backus-Naur-Form: Ein Hilfsmittel zur Syntax- Beschreibung von Programmiersprachen.

Entity Relationenship Modell
Ein Modell, das in graphischer Form die Beziehungen zwischen Objekten (Daten) darstellt.

EQUI-JOIN
Ein Theta-Join mit dem Vergleichsoperator "=" wird Equi-Join genannt, wobei, im Unterschied zum natürlichen Join, die Ergebnisrelation beide Join-Attribute beinhaltet.

Ergebnisrelation
Ist das Resultat eines SELECT-Befehls, oder in der relationalen Algebra das Resultat einer relationalen Operation.

Foreign-Key
Fremdschlüssel: ein Attribut (Attributkombination), das in einer anderen Relation/Tabelle ein Primary-Key (Primär-Schlüssel) ist.

Fragmentierung
Die spalten- und/oder zeilenweise Aufspaltung einer Tabelle in mehrere Teile. Diese Einzelteile können in einer verteilten Datenbank auf verschiedene Rechnerknoten abgelegt werden.

Fremdschlüssel
Foreign-Key: ein Attribut (Attributkombination),das in einer anderen Relation/Tabelle ein Primary-Key (Primär-Schlüssel) ist.

Funktion
Eine Funktion ist ein in sich abgeschlossenes Programmodul. Es führt mit einer Menge von Parametern, die an die Funktion übergeben werden, eine fest definierte Operation aus. Z.B. die SQL Funktion SUM bildet die Summe einer Spalte.

Funktional abhängig
Funktional abhängig sind solche Attribute einer Relation, die sich in der realen Welt nicht unabhängig voneinander ändern können, ohne daß sich das davon abhängige Attribut mit ändert.

Granularität
Ist die Feinheit (Lockebene) eines LOCKs. Es kann z.B. eine ganze Tabelle, eine Datenbankseite oder nur ein einzelner Satz gesperrt werden.

I/O-Cache
Pufferbereich im Hauptspeicher, in dem Daten zwischengespeichert werden, um physische I/O-Operationen zu sparen.

I/O-Operation
Input/Output Operation. Darunter versteht man das physische Transferieren eines Byte-Blockes (Seite/Page), der mehrere logische Zeilen einer Tabelle beinhalten kann, von der Magnetplatte in den Hauptspeicher (Input) bzw. vom Hauptspeicher auf die Magnetplatte (Output).

Index
Durch das Anlegen eines Index (vergleichbar mit dem Inhaltsverzeichnis eines Buches) wird eine Referenz für bestimmte Positionen in einer Tabelle aufgebaut. Durch einen solchen Index kann dann ein bestimmter Wert in einer Tabelle sehr schnell gefunden werden.

Integrität
Integrität im Bezug auf eine Datenbank bedeutet, daß sie unversehrt ist, also keine widersprüchlichen Daten in ihr gespeichert sind.

INTERSECTION
Die relationale Operation Intersection ermittelt gleiche Tupel aus zwei Relationen (Schnittmenge).

JOIN
Der Join verbindet zwei Relationen, ähnlich wie das kartesische Produkt. Allerdings nur für solche Tupel, in denen zwei bestimmte Attributwerte in einer gewissen Beziehung zueinander stehen.

JOIN-Realisierung
Man unterscheidet, je nach dem Vorhandensein von Keys und der Verteilung der Daten (Tabellengröße), unterschiedliche und mehr oder weniger optimale Möglichkeiten, einen JOIN zu realisieren: geschachtelte-Schleifen, Sortieren-Mischen und den Keyed-Join.

Kartesiches Produkt
Die relationale Operation Kartesisches Produkt verbindet alle Tupel (Zeilen) einer Relation (Tabelle) mit allen Tupel einer zweiten Relation.

Konsistent
Die Daten einer Datenbank befinden sich in einem konsistenten Zustand, wenn sie logisch zueinander passen. Bei einer Überweisungstransaktion zu dem Zeitpunkt, als von einem Konto schon abgebucht, aber noch nicht das Empfängerkonto erhöht wurde, befindet sich die Datenbank in einem inkonsistenten Zustand.

Korrelierender Subselect
Ist ein Teil eines SQL-Select (Unterabfrage), in dem Spalten einer Tabelle des Hauptselects angesprochen werden.

LAN
Local-Area-Network: Ein Komunikations-Netzwerk, dessen Knoten relativ nah beieinander liegen (bis 1 KM).

LOCK
Sperrung: Mit einem LOCK wird ein Datenbankobjekt (z.B. ein Satz), das geändert werden soll, vor Änderungen von anderen Datenbankoperationen geschützt.

Log-Datei
Auch Journal-Datei genannt. In ihr werden alle Datenbankänderungen protokolliert, um ein eventuelles Recovery durchführen zu können.

Logisches Datenbankdesign
Darunter versteht man das logische Aufteilen der Attribute (genauer gesagt der Domänen) in unterschiedliche Relationen

NATURAL-JOIN
Ein Theta-Join mit dem Vergleichsoperator "=" wird Natural-Join genannt, wobei, im Unterschied zum Theta-Join, die Ergebnisrelation nur eines der beiden gleichen Join-Attribute beinhaltet.

nicht-prozedural
Eine Programmiersprache ist nicht-prozedural, wenn der Programmierer nur das gewünschte Ergebnis programmieren muß. **Wie** der Rechner das gewünschte Ergebnis erreichen soll, ermittelt der Rechner selbst. Diese Programmiersprachen haben in der Regel nur ergebnisorientierte Anweisungen wie: DISPLAY, WHERE usw. Diese Art der Programmiersprachen werden zu den Sprachen der 4. Generation gezählt.

Normalisierung
Unter Normalisierung versteht man das Aufteilen der Daten in Relationen in der Art und Weise, daß sie am Ende den Normalisierungsregeln entsprechen. Die Relationen werden dadurch redundanzfrei und es werden Anomalien vermieden.

NULL-Werte
Das Datum NULL in einer Datenbank steht für die Aussage, daß ein Wert unbekannt bzw. unbestimmbar ist.

Online-Transaction-Processing OLTP
Kurze Online-Programme, wie z.B. die Umbuchung eines Geldbetrages von einem Konto auf das andere oder die Reservierung eines Fluges. Im Gegensatz dazu gibt es langlaufende Programme, die unter den Begriff Query-Processing fallen.

Optimierung
Der Optimierer ermittelt die kostenoptimalste (bzw. zeitoptimalste) Ausführungsstrategie für einen Datenbankbefehl. Der Optimierer ist ein zentraler Bestandteil des DBMS.

Performance
Gesamtgeschwindigkeitsverhalten eines Systems.

Physisches Datenbankdesign
Ist die Auswahl eines Datenbanksystems, das Definieren von Relationen und Zweitschlüsseln sowie das Aufteilen dieser Relationen auf verschiedene Plattenlaufwerke.

Primärschlüssel
Primary-Key: Ein Attribut (Attributkombination), das eindeutig ein Tupel/Satz einer Relation/Tabelle adressiert.

PROJEKTION
Die relationale Operation Projektion selektiert Attribute (Spalten) aus einer Relation (Tabelle).

prozedural
Eine Programmiersprache ist prozedural, wenn der Programmierer programmieren muß, **wie** der Rechner das gewünschte Ergebnis erreichen soll. Diese Programmiersprachen haben in der Regel Anweisungen wie: IF, WHILE, CALL, GOTO usw. Diese Programmiersprachen werden zu den Sprachen der 3. Generation gezählt.

Query-Processing QP
Langlaufende Queries. Im Gegeansatz zu OLTP.

Range-Variable
Mit Hilfe einer range-Variablen kann in einem SQL-Befehl eine physische Tabelle beliebig oft logisch vervielfältigt werden. Dies ist z.B. bei SELECT-Anweisungen notwendig, bei denen eine Tabelle mit sich selbst verknüpft werden muß (Auto-Join).

RDBMS
Ein RDBMS (relationales Datenbank-Management-System) ist reine Software, die in der Lage ist, (Anwender-) Daten nach den Regeln und Anforderungen (die im relationalen Modell beschrieben sind) zu verwalten.

Recovery
Ist das Wiederherstellen eines konsistenten Zustands einer Datenbank nach einem ungeplanten Systemzusammenbruch.

Relation
Der Begriff Relation aus dem relationalen Modell entspricht bei SQL-orientierten Datenbanksystemen einer Tabelle.

Relationale Integritätsregeln
Man unterscheidet zwei Arten relationaler Integritätsregeln:

- Entity-Integrität und
- Referenzielle Integrität

Die Entity-Integrität stellt sicher, daß alle Werte eines Primärschlüssels zu keinem Zeitpunkt einen NULL-Wert enthalten.

Die referentielle Integrität stellt sicher, daß alle Werte eines Attributs, das als Foreign-Key (Fremdschlüssel) definiert ist, in einer anderen Relation (die dort Werte eines Primary-Keys sind) enthalten sind.

Relationale Objekte
sind:

- Domain — (Wertebereich)
- Relation — (Tabelle)
- Degree — (Ausdehnungsgrad der Relation)
- Attribute — (Spalte)
- Tuple — (Datensatz,Rekord)
- Candidate-Key — (eindeutiger Schlüssel)
- Primary-Key — (Hauptschlüssel)
- Alternate-Key — (Zweitschlüssel)
- Foreign-Key — (Fremdschlüssel)

Relationales Kalkül
Programmiersprache: Codds Vorschlag zur Implementierung der relationalen Algebra. Sie konnte sich in der Praxis nicht durchsetzen.

Relationales Modell
Wurde von E.F. Codd in dem Artikel "A Relational Model of Data for Large Shared Data Banks" [Codd 70] 1970 veröffentlicht. Es besteht aus der Definition von Objekten, Operationen und Regeln. Die Operationen definieren eine relationale Algebra, mit der die Objekte bearbeitet werden können.

Replikation
Die Nachbildung von Tabellen (oder Fragmenten einer Tabelle) auf verschiedenen Rechnerknoten. Es wird eine gewollte Tabellen-Redundanz erzielt.

RESTRIKTION
Die relationale Operation Restriktion selektiert in Abhängigkeit einer vorgegebenen Bedingung Tupel (Sätze) aus einer Relation (Tabelle).

ROLLBACK
Das Rollback in einer Transaktion bedeutet, daß alle seit Anfang der Transaktion durchgeführten Änderungen wieder rückgängig gemacht werden.

Semantik
Die Semantik einer Programmiersprache (und auch jeder menschlichen Sprache) ist die Bedeutung einer Anweisung (bzw. Satzes).

Speicherstrukturen
Darunter versteht man die Art und Weise, *wie* die Daten auf der Platte abgespeichert werden. Davon abhängig ist somit auch, wie (schnell) die Daten gefunden werden können. Gebräuchliche Speicherstrukturen in relationalen Datenbanken sind: HEAP (sequentiell), B-TREE, ISAM und HASH.

Syntax
Die Syntax einer Programmiersprache (und auch jeder menschlichen Sprache) ist die Vorschrift, die festlegt, wie die Symbole (Wörter) der Sprache (z.B. IF, BEGIN, SELECT usw.) aneinandergereiht werden dürfen.

Systemtabellen
In den Systemtabellen speichert das DBMS alle Strukturdefinitionen der Datenbank. Die Systemtabellen werden bei allen DDL-Befehlen aktualisiert.

Tablescan
Ist das Absuchen (Abscannen) einer Tabelle, indem diese einfach sequentiell von Anfang bis Ende gelesen wird.

Teiltransaktionen
In einer verteilten Datenbank kann eine Transaktion in Teiltransaktionen zerfallen, die bestimmte Teilaufgaben auf einem anderen Knoten erledigen.

THETA-JOIN
Beim Theta-Join werden die Tupel (Sätze) zweier Tabellen (Relationen) nur dann verbunden, wenn eine vorgegebene Vergleichsoperation erfüllt ist. Diese kann sein: =, >, <, <>, >=, <=.

Transaktion
Eine Transaktion ist eine Einheit von Datenbankänderungen. Diese Änderungen werden entweder alle durchgeführt oder bei Abbruch innerhalb der Transaktion wird keine der Datenbankänderungen durchgeführt.

Tupel
Zeile in einer Relation/Tabelle.

Tuple-ID
Auch Record-ID genannt, ist die eindeutige Adresse einer Zeile innerhalb einer Tabelle. Von den meisten SQL-Implementierungen her ist die TID nicht ansprechbar und dient nur DBMS internen Zwecken.

UNION
Die relationale Operation UNION verbindet zwei Relationen in der Art, daß alle Tupel (Zeilen) der einen Relation ergänzt werden durch die Tupel der zweiten Relation.

Unique
Eindeutig: es existieren keine doppelten Attributwerte (Attributkombinationen). Equivalent mit dem SQL-Begriff DISTINCT.

Verteilte Datenbank
Eine verteilte Datenbank (VDBMS oder DDBMS) ist eine Datenbank, deren Teile an unterschiedlichen Stellen (Rechnerknoten) in einer Menge unterschiedlicher, echter Datenbanken gespeichert sind.

Verteilte Transaktion
Eine Transaktion, die Änderungen an Daten, die sich auf unterschiedlichen Rechnerknoten befinden, durchführt.

VIEW
Unter einer VIEW (Sicht) versteht man eine logische Sicht auf eine oder mehrere physische Basistabellen. Sie wird mit dem SQL-Befehl CREATE VIEW angelegt.

Zwei-Phasen-Commit
In einer verteilten Datenbank ist ein zwei-Phasen-Commit notwendig, da zuerst alle Knoten das erfolgreiche Abarbeiten einer Teiltransaktion an den Auftragsknoten melden müssen, bevor dieser die COMMIT-Anweisung an die einzelnen Rechnerknoten schicken kann.

Zweitschlüssel
Secondary-Key: Spalten (Spaltenkombinationen), die aus Performancegründen als Alternative Schlüssel definiert wurden.

Anhang B

Literaturverzeichnis

ANSI 75
ANSI/X3/SPARC Study Group on Data Base Management Systems, Interim Report, FDT ACM SIGMOD 7,2 (1975)

Atkinson 88
M.P. Atkinson, P. Buneman, R. Morrison, »Data Types and Persistence«
Springer-Verlag

Bayer 72
R. Bayer, C. McCreight, »Organisation and Maintenance of Large Ordered Indexes.«
Acta Informatica 1, Nr. 3 (1972)

Buff 86
H.W. Buff, »The View Update Problem is Undecidable.«
private communication from the Swiss Reinsurance Co., Zurich, Switzerland
August 4, 1986

Bernstein 87
P.A. Bernstein, V. Hadzilacos, N. Goodman, »Concurrency Control and Recovery in Database Systems.«
(1987) ADDISION – WESLEY

Cham 74
D.D. Champerlin and R.F. Boyce, »SEQUEL: A structured English Query Language.«
Proc. 1974 ACM SIGMOD Workshop on Data Description, Access and Control (May 74)

Chen 76
P.P.S. Chen, »The Entity-Relationenship Model: Towards a Unified View of Data.«
ACM Transaktions on Database Systems, Vol. 1, No. 1 March 1976

CODASYL 71
Data Base Task Group of CODASYL Programming Language Committee. Report (April 1971)

Codd 70
E.F. Codd, »A Relational Model of Data for Large Shared Data Banks«
CACM 13, No. 6 (Juni 1970)

Codd 72
E.F. Codd, »Further Normalization of the Data Base Relational Model.«
Aus *Data Base Systems*, Courant Computer Science Symposia Series, Vol 6
Englewood Cliffs, N.J.: Prentics Hall (1972)

Codd 72-1
E.F. CODD, »Relational Completeness of Data Base Sublanguages«
Aus *Data Base Systems*, Courant Computer Science Symposia Series, Vol 6
Englewood Cliffs, N.J.: Prentics Hall (1972)

Codd 74
E.F. Codd, »Recent Investigation into Relational Data Base Systems.«
Proc. IFIP Concress 1974

Chen 76
P. P. Chen, »The Entity-Relationenship Model – Toward a Unified View of Data.«
ACM TODS 1:1 (1976)

Codd 79
E.F. Codd, »Extending the Database Relational Model to Capture more Meaning«
ACM TODS 4, No 3 (September 79)

Codd 86
E.F. Codd, »Missing Information (Applicable and Inapplicaple) in Relational Databases«
in Report EFC-4, The Relational Institute, San Jose, CA, Febr 21, 1986

Codd 86-1
E.F. Codd, »The Twelve Rules for Relational DBMS«
in Report EFC-6, The Relational Institute, San Jose, CA

Codd 87
E.F. Codd, »View Updatability: Algorithm VU-1«
Report EFC-15, The Relational Institute, San Jose, CA January 22, 1987

Codd 87-1
E.F. Codd, »More Commentary on Missing Information in Relational Databases«
in Report EFC-14, The Relational Institute, San Jose, CA, January 12, 1987

Codd 90
E.F. Codd, »The Relational Model for Database Management: Version 2«
ADDISION – WESLEY

Date 84
C. J. Date, »A Critique of the SQL Database Language«
ACM – SIGMOD

Date 85
C. J. Date, »An Introduction to Database Systems VOL II«
ADDISION – WESLEY

Date 85-1
C. J. Date, »A Guide to DB2«
ADDISION – WESLEY

Date 86
C. J. Date, »An Introduction to Database Systems VOL I«
Vierte Auflage, ADDISION – WESLEY

Date 86-1
C. J. Date, »Relational Database: Selected Writings«
ADDISION – WESLEY

Date 87
C. J. Date, »What is a Distributed Database Systems«
Codd and Date Consulting Group (C&DCG) Febr. 1987

Date 87-1
C. J. Date, »A Guide to the SQL-Standard«
ADDISION – WESLEY

Date 87-2
C. J. Date, »A Guide to INGRES«
ADDISION – WESLEY

Fagin 77
R. Fagin, »Multivalued Dependencies and a New Normal Form for Relational Databases.«
ACM TODS 2, No. 3 (Sep 1977)

Fagin 79
R. Fagin, »Normal Forms and Relational Database Operators.«
Proc. 1979 ACM SIGMOD International Conference on Management of Data

Frank 88
Lars Frank, »Database Theory and Practice.«
ADDISON – WESLEY

Hans, Knauffels 87
Ulrich Hans, Dr F.-J. Knauffels, »Datenbanken in Rechnernetzen Teil 1«
in Datacom 9/87

Howe 83,
D. R. Howe, »Data Analysis for Data Base Design«
Edward Arnold

Kim 85
Won Kim, David S.Reiner, Don S.Batory, »Query Processing in Database Systems«
Springer-Verlag

Koch 85
Jürgen Koch, »Relationale Anfragen«
Informatik Fachberichte 101, Springer-Verlag

LIDAS 83
LIDAS Group: J. Koch, M. Mall, P. Putfarken, M. Reimer, J.W. Schmidt, C.A. Zehnder, »Modula/R Report Lilith Version«
ETH Zürich.

Martin 77
J. Martin, »Computer Data-Base Organisation«
Englewood Cliffs, N.J.: Prentice-Hall (1977).

Merrett 83
T. H. Merrett, »Why Sort/Merge Gives the Best Implementation of the Natural Join«
ACM SIGMOD Record 13, No. 2 (January 1983).

Schmidt 80
J.W. Schmidt, M. Mall, »Pascal/R Report«
Universität Hamburg, Fb Informatik, Bericht Nr. 66, Jan 1980.

SQL 86
H. Eilers, W. Jansen, H. de Volder, »SQL in der Praxis«
ADDISON – WESLEY

SQL 87
R. F. van der Lans, »Das SQL Lehrbuch«
ADDISON – WESLEY

Stonebraker 85
   Michael Stonebraker, Lawrence A. Rowe, »The INGRES Papers: The Anatomy of a
   Relational Database Management System.«
   ADDISON – WESLEY

Vetter 89
   Max Vetter, »Aufbau betrieblicher Informationssysteme.«
   B.G. Teubner Stuttgart

Wiederhold 83
   G. Wiederhold, »Database Design«
   New York, McGraw-Hill (1983)

Yao 79
   Yao, S.B., »Optimization of Query Evaluation Algorithms«,
   ACM Trans. Database Syst. 4, 2 (Juni 1979), Seite 133–155

Index

3GL 41
4GL 41, 87

A
Absorbtionsgesetz 102
Adressierung 74
After Image 116
Ähnlichkeits-Prädikat SQL 61
Akzeptanz 198
ALL-OR-ANY-Prädikat SQL 62
Alternate-Keys 27
Anomalien 159
ANSI/SPARC 12
Arithmetik Fehler 119
Arithmetischer Ausdruck 57
Assoziativ-Gesetz 101
Atomar 116
Attribut 24
Attributkombinationen 77
Ausbalanciert 80
Ausführungszeit 92
AUTO-JOIN 34, 59, 60
Automatische Parallelisierung 112
Automatisches COMMIT, ROLLBACK 118
AVG 58

B
B-Baum 82
Backend 106
Basistabelle (SQL) 47, 57, 59
Baumstruktur 76
Bayer, R 82
Before Image 116
Beispieldatenbank 9
Benutzererlaubnis 49
Benutzersichten 12
Beziehungstypen 8
Binär-Baum 75
Binäre Relation 24
Binäres Suchen 76
Bottom-Up 169

Boyce E.F. 42
Boyce/Codd (BCNF) Normalform 159, 166
Buffer-Flush 108

C
Cache 72
Canceln 119
Candidate-Key 24
Cardinalität 24
Cascades Delete 29
CASE-Tools 179
Chamberlain D.D. 42
Cluster 77
CODASYL 14
Codd E.F. 19, 140, 183
COMMIT WORK 117
COMMITTED UPDATE 125
Concurrency 115, 141
COUNT 58
CPU-Belastung 108
CREATE VIEW 50
– TABLE 47
Data Dictionary 14
Date C.J. 140
Datenbank 11, 12
–, Auswahl 193
–, Design 155
–, Lock 122
–, Management-System 7, 11
Datenbankadministrator 15
Datenbankanweisungen 45
Datenbankrechner 106, 109
Datenmodell 7
Datenmodellierung 169
Datenschutz 48, 54
Datenunabhängigkeit 189
Datenzerstörung 116
DB2 42, 75
DBA 15
DBMS 7, 11
DBSTATUS 117

DDB 138
DDL Data Definition Language 46
De Morgan'sche Gesetz 102
Deadlock 126
–, Aufhebung 128
–, Erkennung 128
–, Gefahr 81
–, Vermeidung 127
–, Wahrscheinlichkeit 127
Degree 24, 38
–, eines Relationenship 171
–, Veränderungen 38
Delete, Cascades 29
–, Nullifies 30
–, Restricted 29
DELETE SQL 64
Deletion Anomalie 160
Determinante 161
Die Zwölf RDBMS Regeln 181
DIFFERENCE 32
Direktzugriff 74
DISTINCT 55
Distributed
–, Databasesystem DDB 138
–, INGRES 154
Distributiv-Gesetz 101
DIVISION 36
DML Data Manipulation Language 46
Domäne 21
Doppelte Verneinung 102
Drei-Phasen-Commit 152
Dreischichtenmodell 12
Dritte Normalform 165

E
EBNF 46
Ein-Tabellen-Query 90
Einfache View 188
Embedded SQL 42
Endbenutzertools 209
Entity 7, 169
Entity-Integrität 28
Entity-Relationenship-Modell 169
Entity-Relationenship-Diagramme 170
EQUI-JOIN 33
ER-Auflössung 174
Erste Normalform 163
EXISTS-Prädikat (SQL) 63
Exklusiv Lock 123
Externe Ebene 12

F
Faktor (SQL) 57
Festplatte 71
Foreign-Key 26
Fragmentierung 139, 142
Fremdschlüssel 26
FROM 59
Frontend 106
Frühzeitige Restriktion 92
Füllungsgrad 85
Fünfte Normalform 167
Funktionale Abhängigkeit 161
Funktionen (SQL) 58
Funktionsreferenz (SQL) 57

G
Garantierter Zugriff 28
Geschachtelte Schleifen 96
Globale Data Dictionary 147
Globale Deadlock 144, 153
Globale Lockmechanismen 144
Globale Transaktionabbrüche 119
Glossar 211
GRANT-Befehl (SQL) 48
Granularität 122
GROUP BY 59

H
Halloween Problem 81
Hardwarearchitektur 109
Hash Verfahren 82
Hauptspeicher 108
HAVING 59
Heap 85
Hierarchische Visualisierung 92
Hierarchisches Datenbanksystem 14
High-Level 189

I
I/O-Operation 72
– Cache 72
– Rate 74
– Zeit 92
IBM 42
Idempotenz 101
Image After, Before 116
IMS 14
IN-Prädikat (SQL) 61
Index 77
Informationsregel 184

INGRES 75, 110
INGRES/STAR 154
Inkonsistent 117
INNER-JOIN 35
INSERT 66
Insertion Anomalie 160
Integrität 27
–, Entity 28, 190
–, Referentielle 28, 190
Integritätsunabhängigkeit 190
Interne Ebene 12
INTERSECTION 32
Intervall-Prädikat (SQL) 61

J
JOIN 32, 94, 95
JOIN-AUTO 34
JOIN-EQUI 33
JOIN-NATURAL 34
JOIN-OUTER 34
JOIN-Realisierung 95
JOIN-SELF 34
JOIN-THETA 33
Journal-Datei 116

K
Kardinalität 24, 38
–, Veränderungen 38
Kartesisches Produkt 31, 91, 104
Katalog 187
Keyed-Join 98
Klasseneinteilung (VIEWS) 189
Knoten 76
Kollisionen 85
Kommutativ-Gesetz 101
Konkurrierender Zugriff 80
Konsistent 115
Kontradiktion 102
Konzeptionelle Ebene 12
Konzeptionelles Schema 12
Korrelierender Subselect 59

L
Laden großer Datenmengen 80
LAN 106, 138
Langlaufende Query 109
Laufzeitfehler 119
LIDAS 41
Literaturverzeichnis 221
Lock 122
–, Anforderung 144

–, Aufhebung 144
–, Bewilligung 144
–, Dauer 124
–, Ebene 122
–, Manager 122
–, Tabelle 122
–, Typen 123
Locking 80
Log-Datei 116
Logische Gesamtsicht 12
Logische Tabelle 47
Logischer Programmablauf 118
Logischer Factor 61
Logischer Term 61
Logisches Datenbankdesign 157
LOGON 48
Lokale Autonomie 140
Lokaler Deadlock (VDBMS) 144
Lokaler Transaktionsabbruch 119
Loop-Join 96
Lossless 190

M
M-Wege-Suchbaum 82
MAX 58
McCreight, E 82
Mehr-Tabellen-Query 90
Mehrprozessorrechner 108
Mehrspaltiger Index 77
Mehrwertig abhängig 163
Meta-Daten 187
Mikroprozessor 108
MIN 58
Miniwelt 7
MIPS 108
Mitgliedsklassen 172
MODULA/R 41
Multiuser 120

N
NATURAL-JOIN 34
Natürlicher Join 34
Nicht-prozedural 41
NonStop SQL 110, 154
Normalisierung 158
Normalisierungsgründe 159
Normalisierungsregeln 158
NULL 23
– Werte 186
Nullifies Delete 30

O
Objekte 7
Objekttypen 8
Obligatorische Mitgliedschaft 172
Offset 73
OLTP 107
Online 13
Online-Transaction-Processing 107
Optimierer im VDBMS 145
Optimierer testen 103
Optimierung 90
– durch JOIN 94
Optimierungsstrategie
  (VDBMS) 86, 143, 150
ORACLE 75, 154
Outer-Join 35

P
Parallel 109
Parallel-Database-Query 110
Parallele Transaktionen 120
– Verarbeitung (VDBMS) 147
Parallelrechner 109
Parallelverarbeitung 120
PASCAL/R 41
PDQ 110
Performance 71, 133
Physische Sicht 12
Physisches Datenbankdesign 157
Plattencrash 119
Platteninhaltsverzeichnis 72
Plattenverwalter 72
Pointer 76
Prädikat 61, 62
Prädikatausdruck 62
Primärschlüssel 25
Primary-Key 25
PRIVILEGES 49
Privilegien 49
PRODUCT 31
Programmabbruch 119
PROJECTION 30
Prozedural 41
PUBLIC 49

Q
QMF 42
QP 107
Quantifizierter-Operator 63
Query, Vereinfachungsregeln 101
–, Execution-Plan 103

–, Flatering 101
–, Optimierer 100
–, Processing 107

R
R* 154
Range-Variable 59 f.
Rdb 154
RDBMS 7, 9
Realitätskonforme Sachverhalte 159
Record-ID 74
Recovery 115
Recovery-VDBMS 141, 144, 153
Referenzielle Integrität 28
Relation 24
Relationale Objekte 20
– Algebra 90
– Blender 183, 192
– Integritätsregeln 20
– Kalkül 41
– Operationen 20
Relationales Modell 19
Relationenship 169
Replikation 142
Restricted Delete 29
RESTRICTION 30
RID 74
ROLLBACK 117, 120
– fähig 120
Rücksicherung 116

S
Satz vom ausgeschlossenen Dritten 102
Scalarausdruck (SQL) 57
Scanner-Parser 90
Schlüssel einfügen (Binärbaum) 79
Schnittmenge 32
Schreib-/Lesekopf 72
Secondary-Keys 27
SELECT (SQL) 54
Select, Spezifikation 55
–, Term 56
SELEKTION 30
SELF-JOIN 34
Semantik 88
Semantische Korrektheit 90
Semantischer Level 88
SEQUEL 42
Sequent 108, 110
Shared Lock 129
Sicherung 116

Index 231

SLOCK 123
SNAPSHOT 142
Sort-Merge-Join 97
Spaltenausdruck 55, 57
Spaltenreferenz 57, 59
Speicherstrukturen 75
Sperre 122
SQL*STAR 154
SQL/DS 42
SQL, Datentypen 47
–, Befehlsübersicht 45
–, Geschichte 42
–, Transaktionen 131
Standortunabhängigkeit (VDBMS) 141
Streuung 115
Subquery 62
Subselect 63
Such-Bedingung (SQL) 61
SUM 58
Symbole 88
Synchronisation (VDBMS) 152
Syntaktische Korrektheit 90
Syntax 88
Systemtabellen 48
Systemverklemmungen 127
System R 42

T
Tabelle 9
Tabellenausdruck 55, 59
Tabellen-Lock 122
Tablescan 81
TABLESPACE 75
Tandem 110
Teilabfrage 149
Teilschlüssel 78, 84
Teiltransaktionen 151
Teradata 109
Term (SQL) 57
Test auf NULL (SQL) 61
THETA-JOIN 33
TID 74, 116, 118
Timeout Mechanismus 145
Top-Down 169
Transaktion 107, 116
Transaktionsabbrüche 119
Transaktionsende 124
Transaktionssynchronisation 122
Transaktionsverwaltung (VDBMS) 151
Transitiv abhängig 162
Tupel 24

Tuple-ID 74

U
Überlaufbereich 83
Umbuchung 117
Umsetzung von SQL-Ausdrücken 90
Unabhängigkeit (VDBMS) 142
Unäre Relation 24
Undo 120
UNION 31, 56
– kompatibel 31
Unique 24
Unsynchronisierte Abarbeitung 121
Unteilbar 116
Unterrechner 109
Unterwanderungsverbot 191
Updatable VIEW 188
UPDATE 118
UPDATE (SQL) 65
Update-Anomalie 160

V
VDBMS 138
Verbindungs-Record 178
Verbundabhängigkeit 168
Vergleichs-Prädikat (SQL) 61
Verknüpfungen mit TRUE oder
  FALSE 102
Verlorener Update 121
Verteilte Abfragen 147
– Datenbanken 135
– Parallelitätskontrolle 143
– Query 143
– Rücksetzlogik 143
Verteiltes DBMS 144
– Transaktionsmanagement 143
Verteilungsunabhängigkeit 191
Vierte Normalform 166
View 47, 188
–, Auflösung 51
–, einfache 188
Virtuelle Datenbank 138
Voll funktional abhängig 161

W
Wartezustand 122
WHERE 59
Wiederholungsgrupppen 163
WITH CHECK OPTION (VIEW) 51
WITH GRANT OPTION 49

X
XLOCK 123
XSELECT 123

Z
Zeilen einfügen (SQL) 66
– ändern (SQL) 65
– löschen (SQL) 64

Zeitdiagramm 121
Zugriffsgarantie 185
Zwei-Phasen-Commit 144, 151
Zwei-Wege-Suchbaum 82
Zwei-wertige Logik 23
Zweite Normalform 164
Zweitschlüssel 27

ORACLE

ORACLE-Handbuch für Anwender
H. H. Herrmann/M. Hein/
G. Keeremann/G. Unbescheid

In dieser Einführung werden ORACLE und seine Werkzeuge aus Anwendersicht beschrieben.
ca. 330 Seiten, 1990, ISBN 3-89319-280-8

ORACLE - Datenbank-Management professionell
Design, Realisierung und Optimierung
Hans D. Wilke

Der Autor liefert alle erforderlichen theoretischen und praktischen Hintergrundinformationen zum Entwurf und der Realisierung eines professionellen Datenbanksystems.
256 Seiten, 1990, ISBN 3-89319-261-1

Effiziente Systementwicklung mit ORACLE
Ein Handbuch für die Praxis des Anwendungsentwicklers
Claus Rautenstrauch/Mahmoud Moazzami

Auf konzeptioneller Ebene werden hier die Möglichkeiten und Grenzen der ORACLE-Entwicklungswerkzeuge aufgezeigt.
ca. 330 Seiten, 1990, ISBN 3-89319-281-6

Systematischer Einsatz von SQL/ORACLE
Entwurf und Realisierung eines Informationssystems
Hermann Finkenzeller/Ulrich Kracke/
Michael Unterstein

Anhand einer Fallstudie zur „Auftragsbearbeitung" wird die Entwicklung eines Informationssystems ausführlich beschrieben.
512 Seiten, 1989, ISBN 3-89319-117-8

TEXTVERARBEITUNG

Das Addison-Wesley werk zu
WORD 5.0
Rainer Haselier
Dieses Buch hilft dem Anwender, alle Möglichkeiten seines Programms auszuschöpfen und so den vollen Nutzen aus WORD 5.0 zu ziehen.
820 Seiten, 1990, ISBN 3-89319-180-1, incl. Diskette

WORD 5.0
Eine praktische Einführung
Stephan Schwardmann/Botho Jung
In kurzer Zeit kann sich der Leser die grundlegenden Fertigkeiten zur Handhabung von WORD selbst aneignen.
362 Seiten, 1989, ISBN 3-89319-194-1, incl. Diskette

Professioneller Einsatz von WORD
Ein Schulungsbuch für Fortgeschrittene
Michael Kerres/Bernhard Rosemann/Bernd Siepmann
228 Seiten, 1988, ISBN 3-89319-124-0

Addison-Wesley Praxistraining
WORD 5.0 für den Einstieg
Uwe Freund
Das Addison-Wesley Praxistraining bringt mit seinen drei Komponenten „Lernprogramm - Praxisbuch - Arbeitsdatenbank" ein neues Konzept der computergestützten Aus- und Weiterbildung.
266 Seiten, 1990, ISBN 3-89319-254-9

Addison-Wesley Praxistraining
WordPerfect für den Einstieg
Monika Krüger
ca. 256 Seiten, 1990, ISBN 3-89319-250-6

▲ **ADDISON-WESLEY**

dBase

dBase IV-Handbuch
George Tsu-der Chou

Der Autor gibt eine schrittweise Einführung in die grundlegenden Techniken von dBase IV. Der Leser lernt dBase IV als Anwender zu beherrschen sowie fortgeschrittene Techniken anzuwenden.
780 Seiten, 1989, ISBN 3-89319-228-X

dBase IV-Programmiertechniken
W. Edward Tiley

Der Autor gibt wertvolle Tips zur effektiven Programmierung. Die wichtigsten Programmiertechniken werden ausführlich erläutert und eine Vielzahl von nützlichen Routinen und Unterprogrammen wird gezeigt.
640 Seiten, 1989, ISBN 3-89319-132-1

Einführung in dBase IV
Addison-Wesley Tutorial Band 2
Dirk Schlopsnies

Dieses Buch wendet sich an den Einsteiger in dBase IV. Der Autor beschreibt auf leicht verständliche Weise die Handhabung des Programms.
560 Seiten, 1989, ISBN 3-89319-161-5, inkl. Diskette

dBase IV in der praktischen Anwendung
Daniel Heygel

Der Autor bietet in diesem Buch dem Leser einen praxisorientierten Einstieg in die Möglichkeiten des Programms.
304 Seiten, 1989, ISBN 3-89319-159-3, inkl. 2 Disketten

▲▼ **ADDISON-WESLEY**

Turbo Pascal

Turbo Pascal 5.0
Band 1: Vom Einsteiger zum Aufsteiger
Christoph Klawun

Nach einem Einstiegskapitel mit Starthilfen entwickelt sich vor den Augen des Lesers anhand von über 70 ausführlich erläuterten Beispielen die Programmiersprache Turbo Pascal.
650 Seiten, 1989, ISBN 3-89319-200-x inkl. Diskette

Turbo Pascal 5.0/5.5
Band 2: Vom Aufsteiger zum Insider
Christoph Klawun

Was aus didaktischen Gründen aus dem ersten Band verbannt wurde, kann der Leser hier lernen.
ca. 600 Seiten, 1990, ISBN 3-89319-268-9, inkl. Diskette

Turbo Pascal 5.0
Band 1: Konzepte, Analysen, Tips & Tricks
Arne Schäpers

Der Autor der deutschen Dokumentation hat hier alles hineingepackt, was im Handbuch keinen Platz mehr hatte.
480 Seiten, 1989, ISBN 3-89319-130-5

Turbo Pascal 4.0/5.0
Band 2
410 Seiten, 1989, 3-89319-191-7

Turbo Pascal 5.5 kennenlernen und beherrschen
Vom raschen Einstieg zum perfekten Programm
Christoph Kasimir

Der behandelt die Version 5.5 einschließlich der objektorientierten Zusätze.
370 Seiten, 1990, 3-89319-264-6, inkl. Diskette

Einführung in die Objektorientierte Programmierung mit Turbo Pascal 5.5
Josef Mittendorfer

Das Buch vermittelt dem Leser das Rüstzeug, die Ideen und Konzepte der Objektorientierten Programmierung in Turbo Pascal umzusetzen.
350 Seiten, 1990, ISBN 3-89319-248-4, inkl. Diskette

TeX/LaTeX

LaTeX – Eine Einführung
Helmut Kopka

Dieses Buch richtet sich an die LaTeX-Anwender, die keine oder nur geringe Kenntnisse im Umgang mit Rechnern haben. Es basiert auf Kursen, die der Autor an seiner Arbeitsstätte gegeben hat.
340 Seiten, 2. überarb. Auflage 1988,
ISBN 3-89319-199-2

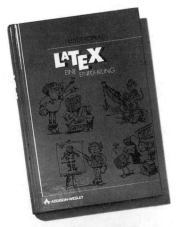

LaTeX-Erweiterungsmöglichkeiten
Helmut Kopka

Eigene Layout-Stile, quasi-automatische Erzeugung von Stichwortregistern, sprachspezifische Anpassung, Ausweitung auf Bild- und Grafikdarstellung.
Ca. 300 Seiten, 1990, ISBN 3-89319-287-5

Kompaktführer LaTeX
Reinhard Wonneberger

Eine Kurzübersicht der LaTeX-Funktionen.
141 Seiten, 2. Auflage 1988, ISBN 3-925118-152-6

Einführung in TeX
Norbert Schwarz

Dieses Buch bietet eine leicht verständliche Einführung in das Programm. Der Autor zeigt eindrucksvoll die Einsatzmöglichkeiten des TeX-Systems.
272 Seiten. 2. überarbeitete Auflage 1988,
ISBN 3-925118-97-7

TeX für Fortgeschrittene
Wolfgang Appelt

Der Autor zeigt in diesem Buch anhand zahlreicher anwendungsorientierter Beispiele eine Einführung in die Technik der Entwicklung von TeX-Makros.
180 Seiten, 1988, ISBN 3-89319-115-1

O'REILLY & ASSOCIATES INC. BOOKS

The X-Window System in a Nutshell
ISBN 0-937175-24-X, pd, $ 24,95

Volume 0, X Protocol Reference Manual
ISBN 0-937175-50-1, pb, $ 30,-

Volume 1, Xlib Programming Manual
ISBN 0-937175-11-0, pb, $ 30,-

Volume 2, Xlib Reference Manual
ISBN 0-937175-12-9, pb, $ 30,-

Volume 3, X Window System User's Guide
ISBN 0-937175-14-5, pb, $ 30,-

Volume 4, X Toolkit Intrinsics Promming Manual
ISBN 0-937175-56-0, pb, $ 30,-

Volume 5, X Toolkit Intrinsics Reference Manual
ISBN 0-937175-57-9, pb, $ 30,-

Volume 7, XView Programming Manual
ISBN 0-937175-38-2, pb, $ 30,-

Alle O'Reilly Titel werden in Europa über den
ADDISON-WESLEY VERLAG
ausgeliefert

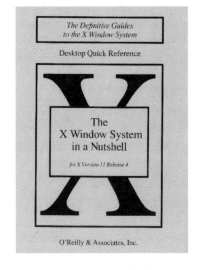

 ADDISON - WESLEY VERLAG (Deutschland) GmbH